中国行政收费法律制度研究

马志毅 著

责任编辑：张智慧　王雪珂
责任校对：李俊英
责任印制：丁淮宾

图书在版编目（CIP）数据

中国行政收费法律制度研究（Zhongguo Xingzheng Shoufei Falü Zhidu Yanjiu）／马志毅著．—北京：中国金融出版社，2014.6
　ISBN 978－7－5049－7490－7

　Ⅰ.①中…　Ⅱ.①马…　Ⅲ.①行政事业性收费—法律—研究—中国　Ⅳ.①D922.204

中国版本图书馆 CIP 数据核字（2014）第 070173 号

出版发行	中国金融出版社
社址	北京市丰台区益泽路2号
市场开发部	（010）63266347，63805472，63439533（传真）
网上书店	http://www.chinafph.com
	（010）63286832，63365686（传真）
读者服务部	（010）66070833，62568380
邮编	100071
经销	新华书店
印刷	利兴印刷有限公司
尺寸	169毫米×239毫米
印张	15.75
字数	226千
版次	2014年6月第1版
印次	2014年6月第1次印刷
定价	40.00元

ISBN 978－7－5049－7490－7/F.7050
如出现印装错误本社负责调换　联系电话（010）63263947

序　言

行政收费对补偿行政管理的成本、有效保护国有资源、调节社会收入与分配、弥补国家建设资金的不足都发挥了重要作用。从20世纪80年代中期开始，我国各地方、各部门相继出台了一系列有关行政收费的管理制度，包括行政收费项目的设定权限、程序和收费标准，行政收费的监督管理体制，行政收费收入的管理和使用等。这些制度基本上符合我国经济社会发展的实际，为规范行政收费行为提供了制度保障。

但我国的行政收费制度在实施过程中也存在着很多问题。一些不合理的行政收费项目和标准增加了公民、法人和其他社会组织的经济负担，挫伤了企业生产经营的积极性，也在一定程度上滋生了腐败行为。对此，社会公众反应强烈。党中央、国务院高度重视行政收费的专项整顿和清理工作。近年来，各级政府先后取消了一大批不合理的行政收费项目，并取得了显著成效。国务院办公厅《关于实施〈国务院机构改革和职能转变方案〉任务分工的通知》中要求，在2013年9月底前，取消一批不合法不合理的行政事业性收费和政府性基金项目，降低收费标准。在2014年6月底前，基本完成清理不合法不合理的行政事业性收费和政府性基金项目的工作，发布新的行政事业性收费和政府性基金项目目录及收费标准并组织实施。

加强有关行政收费的法律制度建设，扭转行政收费的混乱局面，规范行政收费行为，对调动和激发企业生产经营的积极性、加强和创新社会管理、保障和改善民生、加快法治政府建设都具有十分紧迫的意义。从依法行政，保护公民、法人和其他组织合法权益，树立政府公信力的角度出发，有必要加强对行政收费法律制度的研究工作，为制定行政收费管理法做好理论上的准备。

国务院法制办公室的马志毅博士在行政收费理论研究、实证研究和制度设计工作中，收集掌握了大量第一手情况和数据，整理了有关国家和地区的法律制度，对若干重大理论问题进行了深入思考。在此基础上，马志毅博士完成了《中国行政收费法律制度研究》一书。我读后感觉有一定的学术研究价值，遂欣然作序。

希望本书对我国相关法律制度建设发挥借鉴参考作用。

中国法学会财税法学研究会会长
北京市法学会副会长
北京大学税法研究中心主任

2014 年 4 月 11 日于北京

目 录

第一章 行政收费的基本理论问题 ………………………………… 1
第一节 行政收费的概念和特征 …………………………………… 3
一、行政收费的含义 …………………………………………… 3
二、行政收费的依据 …………………………………………… 7
三、行政收费的种类 …………………………………………… 8
四、行政收费的特征 …………………………………………… 10
五、行政收费与相关制度之间的界限 ………………………… 10
第二节 我国行政收费制度的历史沿革 …………………………… 15
一、1949年10月至1978年12月十一届三中全会的召开 …… 15
二、1978年12月至2004年7月《行政许可法》的实施 …… 16
三、2004年7月至2008年11月《关于公布取消和停止征收100项行政事业性收费项目的通知》的发布 …………… 17
四、2008年11月至今 ………………………………………… 17
五、地方行政事业性收费工作概况 …………………………… 20

第二章 有关国家和地区行政收费制度的比较研究 …………………… 23
第一节 行政收费的含义和分类 …………………………………… 25
一、德国的行政收费 …………………………………………… 25
二、美国的行政收费 …………………………………………… 25
三、日本的行政收费 …………………………………………… 26
四、俄罗斯的行政收费 ………………………………………… 26
五、我国台湾地区的行政收费 ………………………………… 26
第二节 行政收费制度的立法模式 ………………………………… 27
一、单独立法模式 ……………………………………………… 27

二、分散立法模式 …………………………………………… 28
第三节　行政收费立法的基本原则 ……………………………… 29
　　一、合理划分税费关系 ……………………………………… 29
　　二、严格遵守法律规定 ……………………………………… 30
　　三、强调效率、兼顾公平 …………………………………… 30
第四节　几项具体管理制度 ……………………………………… 31
　　一、行政收费项目法定制度 ………………………………… 31
　　二、修改行政收费项目和标准的沟通协商机制 …………… 33
　　三、征收程序 ………………………………………………… 34
　　四、救济制度 ………………………………………………… 35
　　五、行政收费收入的管理和支出制度 ……………………… 35
第五节　值得借鉴的经验 ………………………………………… 36
　　一、严格依法管理 …………………………………………… 36
　　二、关键性标准设计科学 …………………………………… 36

第三章　我国现行行政事业性收费制度的基本内容及其主要问题 …… 39
第一节　我国现行行政事业性收费制度的基本内容 …………… 41
　　一、行政事业性收费的管理体制 …………………………… 41
　　二、行政事业性收费项目的设定制度 ……………………… 42
　　三、行政事业性收费标准的审批制度 ……………………… 47
　　四、行政事业性收费的申请程序 …………………………… 48
　　五、行政事业性收费的目录制度 …………………………… 52
　　六、行政事业性收费许可证制度 …………………………… 52
　　七、专用票据制度 …………………………………………… 53
　　八、行政事业性收费实行预算管理制度 …………………… 53
第二节　我国行政事业性收费制度存在的主要问题 …………… 53
　　一、行政事业性收费项目过多、总量过大、种类繁多 …… 53
　　二、收费主体庞杂 …………………………………………… 64
　　三、收费标准不统一 ………………………………………… 64

四、收费行为不规范 …………………………………………………… 67
　　五、收费收入管理混乱 …………………………………………………… 69
　　六、有关行政事业性收费的统计数据不够科学准确 …………………… 70
第三节　行政事业性收费主要问题的制度性成因分析 ………………………… 70
　　一、行政事业性收费主要问题的主观客观原因 ……………………… 70
　　二、行政事业性收费主要问题的制度性原因 ………………………… 73

第四章　建立我国行政收费法律制度的初步设想 ……………………………… 133
第一节　改革行政收费的管理体制 …………………………………………… 135
第二节　行政收费管理法的调整范围 ………………………………………… 136
第三节　行政收费的基本原则 ………………………………………………… 137
　　一、法定原则 …………………………………………………………… 138
　　二、公开、公平、公正和便民原则 …………………………………… 139
　　三、受益者负担和成本补偿原则 ……………………………………… 140
　　四、维护公民、法人或者其他组织合法权益原则 …………………… 140
　　五、遵循国际惯例和国际对等原则 …………………………………… 140
　　六、提高基层政府的财政保障能力，切实实现"收支两条线"
　　　　原则 …………………………………………………………………… 140
第四节　行政收费项目的设定权限、程序和收费标准的确定 ……………… 141
　　一、行政收费项目的设定 ……………………………………………… 141
　　二、行政收费项目与标准的核定 ……………………………………… 147
第五节　行政收费的征收 ……………………………………………………… 150
　　一、行政收费的征收机构 ……………………………………………… 150
　　二、收费公示制度 ……………………………………………………… 151
　　三、行政收费的征收方式 ……………………………………………… 151
　　四、行政收费的停止征收、减征和免征、缓缴 ……………………… 152
第六节　行政收费收入的管理和使用 ………………………………………… 153
　　一、财政预算管理制度 ………………………………………………… 154
　　二、分类使用制度 ……………………………………………………… 155

三、专用票据制度 ·················· 155

第七节　行政收费的监督检查制度 ············ 156
　　一、各级权力机关的监督 ·············· 157
　　二、行政主管部门的监督检查 ············ 157
　　三、社会监督 ··················· 158

第八节　行政收费的法律责任 ·············· 159
　　一、财政主管部门的法律责任 ············ 159
　　二、价格主管部门的法律责任 ············ 159
　　三、征收机构的法律责任 ·············· 160
　　四、公民、法人或者其他社会组织的法律责任 ······ 161

附录 ························· 163
　　一、财政部、国家发展改革委关于发布《行政事业性收费项目
　　　　审批管理暂行办法》的通知（财综〔2004〕100号）······ 165
　　二、国家发展改革委、财政部关于印发《行政事业性收费标准
　　　　管理暂行办法》的通知（发改价格〔2006〕532号）······ 176
　　三、财政部、国家发展改革委、监察部、审计署关于加强中央
　　　　部门单位行政事业性收费等收入"收支两条线"管理的通
　　　　知（财综〔2003〕29号）············· 183
　　四、财政部关于统一归口管理中央部门和单位的行政事业性收费
　　　　及政府性基金等问题的通知（财综字〔1999〕103号　1999
　　　　年6月25日） ················· 188
　　五、财政部关于印发《行政事业性收费和政府性基金票据管理
　　　　规定》的通知（财综字〔1998〕104号）········ 190
　　六、2011年全国性及中央部门和单位行政事业性收费项目
　　　　目录 ···················· 196
　　七、德国行政费用法 ················ 231
　　八、中国台湾地区"规费法" ············· 239

第一章

行政收费的基本理论问题

行政收费是行政机关运用公权力向公民、法人或者其他社会组织收取费用的一种行政征收行为。目前的行政收费制度在实施过程中暴露出一些突出问题，社会影响很大，群众反应强烈，有必要通过完善相关法律制度加以规范。

研究行政收费法律制度的意义是多方面的：第一，它对规范政府的行政行为、加快推进依法行政、加强法制建设，特别是对推动政府职能转变、进一步分清政府与市场的关系都有着至关重要的作用。第二，它有助于解决政府非税收入过高，居民消费能力弱、企业负担较重的问题。目前，政府的非税收入中包括行政事业性收费、政府性基金、国有资源有偿使用收入、国有资产有偿使用收入、国有资本经营收入、彩票公益金、罚没收入等。我们仅以2012年的统计数据来说明问题，当年全国公共财政收入共计117253.52亿元，非税收入共计16639.24亿元。全国行政事业性收费收入共计4579.54亿元，占当年全国公共财政收入的3.9%，占当年非税收入的27.52%。[①] 总体来看，我国的税负水平比主要发达国家和一些发展中国家低。而在非税收入负担方面，则比这些国家高。地方政府通过规范化程度较低的非税收入获得财政收入，增加了企业和居民的负担，也扭曲了国民收入分配结构，不利于扩大内需。研究行政收费管理法律制度，规范行政收费的设定权、限制行政收费的征收机构及其权限，做到"正税清费"，将有利于减轻中小企业的负担，鼓励更多的人去创业、去发展。第三，它使我们找到了改革财政管理体制、预算管理体制的突破口。财政税收管理体制、预算监督管理体制的改革，关系到中央和地方事权和财权的划分，却长期悬而未决。研究行政收费管理法律制度，可以帮助我们找到解决有关问题的突破口，意义更加重大。

---

① 资料来源：财政部网站，《2012年全国公共财政收入决算表》。

第一节 行政收费的概念和特征

在我国现行法律制度中，未出现过"行政收费"的概念，而多用"行政性收费"、"事业收费"、"事业性收费"、"行政事业性收费"、"行政性事业性收费"等概念。其中，"行政事业性收费"的概念使用最广。为了表述得清楚，我们在论述行政收费的基本情况、行政收费存在的主要问题及其原因时，沿用"行政事业性收费"的概念。在论述对行政收费管理法有关问题的思考时，使用"行政收费"的概念。

一、行政收费的含义

由于现行法律法规没有明确规定行政收费的概念、种类和范围，因此实践中大多依据财政部、发展改革委印发的《行政事业性收费项目审批管理暂行办法》、《行政事业性收费标准管理暂行办法》的有关规定，沿用"行政事业性收费"的概念，即行政事业性收费是指国家机关、事业单位、代行政府职能的社会团体及其他组织根据有关法律法规的规定，在实施行政管理、提供公共服务的过程中，向特定的公民、法人和其他社会组织收取的费用。

（一）有关行政收费的学术观点

目前，我国理论界对行政收费概念的认识未能取得一致。在学术研究中，除使用"行政收费"一词之外，与之近似的概念还有行政性收费、行政征费、行政规费、公共收费、政府收费等。这些概念的含义有的与行政收费一致，有的则存在差异。概括起来，学术界对行政收费的概念和性质有以下几种理解。

1. 对价说

持这种观点的学者认为，行政收费是行政机关和法律、法规授权的组织依据职权为特定受益人提供公益性服务或者授予国有资源和资金的使用权，而向特定受益人收取相应对价的一种具体行政行为。这种收费的目的是为其他社会成员提供特定服务准备物质条件，以利于实现其合法权利；或者是为了有效地控制私人对国有资源的开发，以利于保护国有资源。

2. 补偿说

持这种观点的学者认为，行政收费是行政机关和行使行政管理职能的事业单位为实施行政管理或提供特定服务，而向相对人收取费用以补偿服务成本的行为。

3. 职权说

持这种观点的学者认为，行政收费是行政机关、法律授权的组织和具有公共服务职能的事业单位，出于行政管理的需要，向相对人收取费用的行为。这种收费的目的是为了调节社会收入与分配，弥补国家建设资金的不足；实现社会负担公平；获取补偿性资金，用于补偿自然资源的消耗，维护和改善公共设施等。

（二）有关行政收费的法律规定

国务院于1987年9月11日颁布的《价格管理条例》明确规定："对行政性收费、事业性收费，物价部门应当根据国家的价格方针、政策进行管理和监督，并会同有关部门核定收费标准。"

国家物价局、财政部于1988年6月发布的《关于加强行政事业性收费管理的通知》中规定："行政性收费是指国家机关、事业单位为加强社会、经济、技术管理所收取的费用。"

中共中央办公厅、国务院办公厅于1993年10月发布的《关于转发财政部〈关于对行政性收费、罚没收入实行预算管理的规定〉的通知》中规定："行政性收费包括国家行政机关、司法机关和法律、法规授权的机构依据国家法律、法规行使其管理职能，向公民、法人和其他组织收取的费用。"

财政部于1994年3月发布的《关于将行政性收费纳入预算管理有关问题的通知》中规定："行政性收费是指国家行政机关、司法机关和法律、法规授权的机构，依据国家法律、法规行使其管理职能，向公民、法人和其他组织收取的费用。行政性收费包括管理性收费、资源性收费和证照性收费。"

全国人大常委会于 1997 年 12 月 29 日通过的《价格法》规定，国家行政机关的收费，应当依法进行，严格控制收费项目，限定收费范围和标准。收费的具体管理办法由国务院另行制定。但未界定其含义。

国务院于 2000 年 2 月 12 日发布施行的《违反行政事业性收费和罚没收入收支两条线管理规定行政处分暂行规定》中规定，"行政事业性收费"是指下列属于财政性资金的收入：(1) 依据法律、行政法规、国务院有关规定、国务院财政部门与计划部门共同发布的规章或者规定以及省、自治区、直辖市的地方性法规、政府规章或者规定和省、自治区、直辖市人民政府财政部门与计划（物价）部门共同发布的规定所收取的各项收费；(2) 法律、行政法规和国务院规定的以及国务院财政部门按照国家有关规定批准的政府性基金、附加。事业单位因提供服务收取的经营服务性收费不属于行政事业性收费。

国家发展改革委、财政部于 2006 年 3 月发布的《行政事业性收费标准暂行管理办法》中规定："行政事业性收费，是指国家机关、事业单位、代行政府职能的社会团体及其他组织根据法律法规等有关规定，依照国务院规定的程序批准，在实施社会公共管理，以及在向公民、法人提供特定公共服务过程中，向特定对象收取的费用。"

（三）本书所述的行政收费的概念

本书中所称的行政收费，是指行政机关、管理公共事务的事业组织、社会团体或者其他组织根据有关法律法规的规定，因实施行政管理、提供公共资源或者公共服务而向特定对象收取的非营利性质的费用。

我们之所以提出上述概念，是出于以下几方面的考虑。

首先，它反映了行政收费的基本特征。

综合各方面的认识，行政收费应当具备以下一些主要特征：第一，从行政收费的主体上看，它包括行政机关、行使行政管理职能的事业单位、代为履行行政管理职能的社会团体或者其他组织。第二，从行政收费的属性上看，它的收入只能用于与收费事项有关的公益事业的发展或者纳入公共财政，因此它具有非营利的性质。第三，从行政收费的对象上看，它的对象应为特定的公民、法人或者其他组织。

其次，它涵盖了行政收费的主要种类。

根据行政收费的性质、功能、适用条件的不同，可以将行政收费分为以下几类：第一，资源补偿类收费。政府向资源使用者提供了有限的自然资源、社会公共资源的，可以设定资源补偿类收费，以获得相应补偿，并通过增加资源使用者的成本，对有限自然资源、社会公共资源的开发、利用行为进行调控、限制。如矿产资源补偿费、水土流失防治费、水生野生动物资源保护费、内河岸线使用费、无线电频率占用费等。这类收费的标准除参考资源价值或者稀缺性因素、不可再生因素外，还要考虑促进资源节约和有效利用等可持续发展因素以及治理和恢复自然生态环境、社会公用设施的支出等因素。第二，行政管理类收费。行政机关在实施行政许可、非许可审批、行政给付等履行公共管理职责行为的过程中，因办理手续，检验、检测、鉴定，组织考试等产生成本需要适当补偿的，可以设定行政管理类收费，包括签证费、新药初审费、机动车安全技术检验费、土地评估师考试费等。这类收费的标准应当参考行政机关履行公共管理职责的成本，或者参考特定个人或者组织获得的好处或者便利。第三，公共服务类收费。政府向特定个人或者组织提供了服务，可以向接受服务的特定个人或者组织设定公共服务类收费，以避免动用公共财政资金为一部分人谋取利益，也可以防止出现滥用权力、浪费资源的现象。如档案复制费、测绘成果成图资料收费、政府信息依申请提供收费、环境监测服务费等。这类收费的标准以需要补偿的成本为原则。除上述主要类别外，还有法律、行政法规规定的其他收费。

再次，它划清了行政收费与相关制度之间的界限。

我们认为，行政收费的上述概念有利于区分行政收费与比较接近的若干法律制度。

1. 行政收费与税收

税收的本质特征在于其强制性、固定性和无偿性。这是它与行政收费之间的原则区别。税收用于满足一般的公共财政需要。国家有征税的权力而没有相应的对待给付义务，也就是说国家在获得税收收入后，只向社会公众提供公共服务；纳税人只是公共服务的间接受益者。而国家在征收行政收费后，要向直接受益者提供特定服务。

2. 行政收费与公益服务收费、中介服务收费

如果一项服务具有排他性，不具有竞争性，就只能由行政机关提供。该项收费属于行政收费。如果一项服务既具有排他性，又具有竞争性，就可以由市场主体提供。该项收费不属于行政收费。如果一项服务不具有排他性和竞争性，则为公共产品，不能靠行政收费来提供经费保障，而应当由税收来保证。

3. 行政收费与政府性基金

政府性基金是国家通过向社会征收以及出让土地、发行彩票等方式取得收入，并专项用于支持特定基础设施建设和社会事业发展的资金。其中向社会征收的政府性基金，如民航机场管理建设费具有行政收费的性质。

最后，它吸收了现行规定中有关概念的合理成分。

现行规范性文件、部门规章中对行政收费的概念有不同的表述，主要有：财政部于1994年3月发布的《关于将行政性收费纳入预算管理有关问题的通知》中规定："行政性收费是指国家行政机关、司法机关和法律、法规授权的机构，依据国家法律、法规行使其管理职能，向公民、法人和其他组织收取的费用。行政性收费包括管理性收费、资源性收费和证照性收费。"国家发展改革委、财政部于2006年3月发布的《行政事业性收费标准暂行管理办法》中规定："行政事业性收费，是指国家机关、事业单位、代行政府职能的社会团体及其他组织根据法律法规等有关规定，依照国务院规定的程序批准，在实施社会公共管理，以及在向公民、法人提供特定公共服务过程中，向特定对象收取的费用。"本书对行政收费概念的描述综合了上述规定中的共性部分。

二、行政收费的依据

国内理论界关于行政收费的理论依据，主要有以下几种学说。

（一）国有资源有偿使用说

持这种观点的学者认为，国有资源是有限的，任何人使用国有资源都应当是有偿的。行政收费就是为促进更加合理、经济地使用有限的国有资源。国有资源的有偿使用包括税收和行政收费两项制度，不能互相代替。

（二）行政特别支出补偿说

持这种观点的学者认为，特别支出应当由特别收入来满足。行政机关在提供特定服务时产生了特别支出，该项支出不应以税收来满足，而应由特定受益人或其他义务主体承担。

（三）"负外部效应"矫正说

持这种观点的学者认为，行政收费是政府为了促使生产者自觉减少"负外部效应"，有效地减少社会成本与本企业成本之间的差距，使生产者负担真实的生产经营成本而征收的费用。

我们认为，行政收费的理论依据应当能够体现行政收费制度的价值理念。经过多年的发展，上述理论分别论证了不同类型行政收费的理论依据，有其合理性，对我国行政收费立法也有一定的参考价值。

三、行政收费的种类

我国法学界根据不同的标准，将行政收费分为以下类型。

一是按照行政收费原因的不同，把行政收费分为特许金、规费、使用费和工程受益费。特许金是向享有政府准予权利的相对人收取的费用，主要包括各种注册费、排污费。规费是向享受政府服务的相对人收取的费用，包括司法规费和行政规费，主要包括诉讼费、证照费等。使用费是向利用国有资源或公共设施的相对人收取的费用，主要包括国有土地使用权有偿转让和出让收取的出让金，对一些稀缺国有资源收取的使用费以及过路费、过桥费、城市占道费等。工程受益费是在特定地区兴建公共设施而向当地居民收取的费用。

二是按照行政收费实施部门和涉及领域的不同，将行政收费分为公安、工商、卫生、民政、文化出版、教育、交通、土地、建设等的收费。

三是按照行政收费对象的不同,将行政收费分为向企业、公民或其他社会组织的收费。

我们认为,对行政收费可以作出如下的分类。

1. 根据行政收费的性质、功能、适用条件的不同,可以将行政收费分为四类。

(1) 资源补偿类收费。

资源补偿类收费除了作为开发、利用有限自然资源和社会公共资源的对价而要求资源使用者支付相应补偿外,还要通过增加资源使用者的成本,对有限自然资源、社会公共资源的开发、利用行为进行调控、限制。如矿产资源补偿费、水资源费、水土流失防治费、水土保持设施补偿费、水生野生动物资源保护费、耕地闲置费、内河岸线使用费、滩涂有偿使用费、排污费、无线电频率占用费、电信网码号资源占用费、社会抚养费等。这类收费的标准除参考资源价值或者稀缺性因素、不可再生因素外,还要考虑促进资源节约和有效利用等可持续发展因素,以及治理和恢复自然生态环境、社会公用设施的支出等因素。

(2) 行政管理类收费。

行政机关在实施行政许可、非许可审批、行政给付等履行公共管理职责行为的过程中,因制作证照,办理手续,检验、检测、鉴定,组织考试等产生成本需要适当补偿的,可以设定行政管理类收费,包括签证费、收养登记费、婚姻登记证书工本费、新药初审费、机动车安全技术检验费、职业技能鉴定费、土地评估师考试费、统计人员岗位培训费等。这类收费的对象应当是行政机关履行公共管理职责的受益人,受益包括获得好处或者便利,也包括减少、免除一定的负担或者风险,如工商部门审查并颁发企业法人营业执照,企业由此获得了作为法人的证明,为其从事生产经营活动提供了必要的条件。

(3) 公共服务类收费。

如果政府提供的服务仅满足了特定个人或者社会组织的需要,而不是面向社会公众提供的普遍的、基本的服务,那么接受服务的特定个人或者社会组织就要付费，从而避免动用公共财政资金为一部分人谋取利益，也可以防止出现滥用权力、浪费资源的现象。如对使用市政公用设施、国家档案、公共信息资料等的个人或者组织，需要补偿成本的，可以设定档案复制费、档案证明费、地质成果资料有偿使用费、测绘成果成图资料收费、政府信息依申请提供收费、住宅建设配套费、环境监测服务费、民防工程使用费等。

（4）法律、行政法规规定的其他收费。

2. 根据行政收费项目和标准审批权限的不同，可以将行政收费分为国家收费项目和省级收费项目。

3. 根据行政收费资金收入归属的不同，可以将行政收费分为中央收费项目、地方收费项目和中央与地方共享收费项目。

四、行政收费的特征

（一）行政收费的主体

行政收费的主体包括行政机关、行使行政管理职能的事业单位、代为履行行政管理职能的社会团体或者其他组织。

（二）行政收费的事项范围

行政收费包括资源补偿、行政管理、公共服务等事项。

（三）行政收费的属性

行政收费的收入只能用于与收费事项有关的公益事业的发展或者纳入公共财政，因此它具有非营利的性质。

（四）行政收费的标准

我国行政收费的标准应采用核准制度，而非审批制度。

（五）行政收费的对象

行政收费的对象应为特定的公民、法人或者其他社会组织。

五、行政收费与相关制度之间的界限

从行政收费的概念和特征中可以看出，它与下列制度之间具有本质的区别。

（一）行政收费与税收

税收和行政收费都是国家财政收入的重要支柱。税收用于满足一般的公共财政需要，它与纳税人之间只具有间接的对应性。国家有征税的权力而没有相应的对待给付义务，也就是说国家在获得税收收入后，只向社会公众提供公共服务。纳税人只是公共服务的间接受益者。

税收的本质特征在于其强制性、固定性和无偿性。这是它与行政收费之间的原则区别。行政收费以直接受益者与某项特定服务、某些国有资源和资金的使用权，或者某些经营资格之间的交换关系为基础，两者之间具有直接的对应性。行政收费的征收是因为直接受益者获得了某项特定服务，必须支付相应的费用；而国家在征收了行政收费后，有义务向直接受益者提供特定服务。

税收与行政收费之间是可以相互转换的。现行的一些受益范围广、征收比较稳定的行政收费项目，如教育费附加等可以转换为税收。

（二）行政收费与价格

设定行政收费的目的就是为了建立社会管理秩序和弥补公共服务成本，不能有任何赢利。行政收费标准一般也不随市场的波动而变化。而价格则反映着经营行为产生收益的情况，收益的多少也由价格来调节。

从属性上看，行政收费是基于行政机关提供了公共服务而产生的，一般不体现等价交换关系，当事人之间的权利义务也不对等。价格则是基于市场经营行为而产生的，它体现了等价交换关系，当事人之间的权利义务也应当是对等的。

在计划经济体制下，行政收费与价格不加区分。许多因经营性行为产生的收入，在有关文件和学术著作中一直被称为经营性收费。《价格法》第四十七条规定："国家行政机关的收费，应当依法进行，严格控制收费项目，限定收费范围、标准。收费的具体管理办法由国务院另行制定。"应当说，这一规定本身是正确的，但是在《价格法》里规定该内容，就容易使人将行政收费误解其为一种特殊的价格，从而混淆了行政收费与价格之间的界限。因此，应当对政府的经营性行为产生的收入按照价格管理，从行政收费中剥离出去。这些收入主要包括国有资产有偿使用收入、国有资本经营收入、政府财政资金产生的利息收入等。

需要特别注意的是，各级政府向社会提供了不同类型的公益服务。对这些公益服务，也应当区别不同情况，分类处理。

政府提供的公共服务分为两种：一种是向全社会不特定多数人提供的一般性服务，如国防、外交等。这种公共服务的成本很难准确计算出来，只能通过税收来弥补。有些公益服务只能由政府提供，如养老助残、环境保护、公共设施的建设维护等，实际上已经成为一种公共产品，也应当由税收来提供经费保障。另一种是向特定人群提供的专项性服务，如人事档案保管费、纺织品原产地证明书费等。这种公共服务的成本可以精确地分解到特定人群，应当由受益人根据受益程度来分担。有些公益服务可以由公立的学校、医院等国有事业单位提供，其所需经费可以由公益事业收费来补充，对这些收费纳入价格管理是比较适当的，如一些中小学校收取的学生饮用水费、学生课余补课费等。

（三）行政收费与法院诉讼费

首先，根据《民事诉讼法》、《行政诉讼法》的规定，人民法院向民事诉讼、行政诉讼当事人收取诉讼费，是其作为国家审判机关因行使审判职能而收取的费用。这是行政收费与诉讼费之间的根本区别。其次，法院不是行政机关，不应成为行政诉讼的被告。当事人对法院收取诉讼费的行为不服时，不能提起行政诉讼。根据国务院《诉讼费用交纳办法》的规定，诉讼费等法院收费也属于国家财政所有，应当纳入国家财政预算，实行收支两条线管理。

（四）行政收费与公益服务收费

在市场经济体系中，社会产品可以分为四类，即私人产品、公共产品、自然垄断产品和共有资源。私人产品是既有排他性又有竞争性的物品，公共产品是既无排他性又无竞争性的物品，自然垄断产品是有排他性但无竞争性的物品，共有资源是有竞争性但无排他性的物品。某些产品介于私人产品和公共产品之间,具有消费上的竞争性,称其为"准公共产品"。由于行政收费依据的是政府的行政管理权,而国有资源有偿使用收入依据的是国有资源所有权。凡是市场能够自发提供的、具有竞争性的私人产品、准公共产品、共有资源,都可纳入价格体系,其他的则属于行政收费。

公益服务是为了社会公众或者某些特定公众提供的具有福利性质的服务。《公益事业捐赠法》第三条规定,公益事业是指非营利的救助灾害、救济贫困、扶助残疾人等困难的社会群体和个人的活动,教育、科学、文化、卫生、体育事业,环境保护、社会公共设施建设,促进社会发展和进步的其他社会公共福利事业。公益服务的主体既可以是行政机关,也可以是市场主体。如果一项公益服务具有排他性,不具有竞争性,就只能由行政机关提供,该项收费属于行政收费。如果一项公益服务既具有排他性,又具有竞争性,就可以由市场主体提供,该项收费不属于行政收费。如果一项公益服务不具有排他性和竞争性,则为公共产品,不能靠行政收费来提供经费保障,而应当由税收来保证。

(五)行政收费与公用事业收费

公用事业主要包括为社会提供电力、天然气和人工煤气等能源、邮电、用水、供热和公共交通等的服务。如果公用事业企业以经营者的身份通过向消费者提供经营服务而收取费用时,为公用事业收费。我国《价格法》规定,对重要的公用事业价格,必要时实行政府指导价或政府定价。这种意义上的公用事业收费不应纳入行政收费。如果企业经行政机关委托收取费用,则应纳入行政收费的范围。

(六)行政收费与政府性基金

政府性基金是国家通过向社会征收以及出让土地、发行彩票等方式取得收入,并专项用于支持特定基础设施建设和社会事业发展的资金。目前纳入政府性基金预算管理的基金共43项。按收入来源划分,向社会征收的基金共31项,包括铁路建设基金、民航基础设施建设基金、港口建设费、国家重大水利工程建设基金等。其他收入来源的基金共12项,包括国有土地使用权出让收入、彩票公益金、政府住房基金等。按收入归属划分，属于中央收入的基金共9项，属于地方收入的基金共20项，属于中央与地方共享收入的基金共14项。按支出用途划分，用于公路、铁路、民航、港口等建设的基金共9项；用于水利建设的基金共4项；用于城市维护建设的基金共8项；用于教育、文化、体育等事业发展的基金共7项；用于移民和社会保障的基金共5项；用于生态环境建设的基金共5项；用于其他方面的基金共5项。根据财政部的统计，2013年，全国政府性基金收入52239亿元，比上年增加14704亿元，增长39.2%。其中，中央政府性基金收入4232亿元，增长27.5%，主要是为支持可再生能源发展，近年依法新设立的可再生能源电价附加收入增加。地方政府性基金收入（本级）48007亿元，增长40.3%，主要是土地出让合同成交价款增加较多，国有土地使用权出让收入41250亿元，比上年增加12732亿元，增长44.6%。① 其中，部分政府性基金具有税的性质。例如教育费附加，以各单位和个人实际缴纳的产品税、增值税、营业税的税额为计征依据，分别与这三种税同时缴纳，由税务机关负责征收管理。从性质和征收程序上看，向社会征收的政府性基金，如民航机场管理建设费等，比较接近于行政收费，可以按照行政收费来管理。

（七）行政收费与中介服务收费

目前，中介机构的概念和外延界定得并不清晰，既可指代行部分政府职能，具有垄断性质的仲裁、认证、检验、鉴定机构，也可指各类咨询、招标、拍卖、职业介绍、婚姻介绍等机构。中介服务收费与公益服务类收费一样，应区别对待。如果它具有排他性，不具有竞争性，就只能由行政机关提供，该项收费属于行政收费。如果它既具有排他性，又具有竞争性，就可以由市场主体提供，该项收费不属于行政收费。如果它不具有排他性和竞争性，则为公共产品，就不能靠行政收费来提供经费保障，而应当由税收来保证。

---

① 资料来源：财政部网站，2014年1月23日"2013年财政收支情况"。

第二节 我国行政收费制度的历史沿革

新中国成立以来，我国的行政收费制度大致经历了以下几个发展阶段。

一、1949年10月至1978年12月十一届三中全会的召开

新中国成立初期，国家采取了统一财政经济措施，实施了高度集中的财政管理体制，政府收费项目少、数额也不大。主要的收费是公粮附加收入，基本上用于农村卫生、行政经费和农村公益事业等方面的开支，并由财政部门统一管理。在生产资料所有制改造完成后，所有公有制企业的利润基本上缴财政，构成财政预算的重要组成部分。

在全国社会主义所有制改造完成后一直到国有企业实行利改税以前，政府财政收入的50%左右来自非税收入，其中大部分是国营企业的上缴利润。1951年，财政部发布了《关于进一步整顿城市地方财政的规定》，规定的主要收费项目为养路费、港口费、育林基金和企业登记费等。对农民的收费项目主要是土地证照费、乡教育粮、抗美援朝捐献飞机和大炮、兴修水利工程用工、乡干部补贴和公务费等，并要求对学校学费收入、医院诊疗费收入、剧团演出收入、救济机关生产收入、司法机关和公安机关罚没收入等纳入地方政府或城市政府的预算管理，但仍然允许行政事业单位的一些零星收费收入列为预算外自收自支，如工商附加费、养路费、养房费和行政事业单位的零星杂项收费等。

1958年，我国对财政体制进行了较大改革，大幅下放财权，国家也将部分预算内收费转为预算外管理。当时，由各部门明文规定的收费项目有几十个，包括工商业税附加、农业税附加、城市公用事业附加、农业水利交通方面的一些事业性收费等。

1963年，为了加强财政的统一管理，政府对预算外资金进行了清理整顿，通过"纳、减、管"的办法，将部分预算外资金纳入预算管理，减少

了预算外收费数额。

"文化大革命"期间,由于各项财政制度遭到破坏,财政工作混乱、乱收费现象比较严重、收费规模扩大,大量资金转为预算外管理。

二、1978年12月至2004年7月《行政许可法》的实施

改革开放之后,国务院最早关于行政收费的规定见于1982年的《公证暂行条例》。20世纪80年代中期后,行政事业性收费项目越来越多,范围越来越广,标准也越来越高,成为影响公民和社会组织正常生产生活的重要因素。

为加强行政事业性收费的管理、安定人民生活,国务院发布了《关于加强物价管理 保持市场物价基本稳定的通知》,决定将行政事业性收费纳入物价管理,物价部门开始颁发行政事业性收费证。当时行政事业性收费的管理事项包括立项、核定收费标准、发放收费凭证、进行清理检查等。国务院于1987年9月发布的《价格管理条例》明确规定:"对行政性收费、事业性收费,物价部门应当根据国家的价格方针、政策进行管理监督,并会同有关部门核定收费标准。"这是第一次以行政法规的形式,将行政事业性收费纳入价格管理,初步形成了物价部门为主、财政部门参与管理,统一领导、分级管理的行政收费管理体制。

针对不少地区和单位违反国家规定,任意增加行政事业性收费项目,提高收费标准等问题,中共中央、国务院多次制定规范性文件,规定行政事业性收费项目的审批权限集中在中央和省(不含计划单列市)两级,分别由国家物价局、财政部和省级物价、财政部门审批,重要项目须报国务院或省级政府批准。此后,又规定行政事业性收费项目和标准的审批权限分开,收费项目按隶属关系分别报国务院和省、自治区、直辖市人民政府的财政部门会同计划(物价)部门批准;面向农民的行政事业性收费,还应当经农业主管部门审核。有关单位收费时必须持"收费许可证"。行政事业性收费的监督管理实行以价格监督检查为主,监察、财政、审计监督为辅的体制。

1997年12月29日,第八届全国人大常委会第二十九次会议通过了《价格法》。该法停止使用行政事业性收费的概念,而改为国家行政机关收费、中介机构收费、公益服务价格、公用事业价格和经营性收费等概念。根据有关规定,各级政府部门不断地清理、整顿行政事业性收费,先后取消和调整了一些不合理的行政事业性收费项目,但是行政事业性收费泛滥的势头并未从根本上得到遏制。

三、2004年7月至2008年11月《关于公布取消和停止征收100项行政事业性收费项目的通知》的发布

2004年7月1日,我国实施了《行政许可法》,以法律的形式规定了行政许可收费的主体、种类、幅度、标准等事项。国务院有关部门和各地区积极贯彻落实《行政许可法》,纷纷取消了不符合有关规定的行政事业性收费项目。但是在此期间并未出台有关行政事业性收费的专门立法。行政事业性收费的数额占财政总收入的比重逐年增高。2005年,全国行政事业性收费总额达4000多亿元,各种基金征收总额达2000多亿元。而当年全国财政收入为31649.29亿元。行政事业性收费和基金收入的总和相当于财政总收入的20%。在一些地方,越权立项、无证收费、收费不公示、任意扩大收费范围、随意提高收费标准、搭车收费、坐收坐支、只收费不服务等现象普遍存在。

2008年11月13日,财政部和国家发展改革委联合发布了《关于公布取消和停止征收100项行政事业性收费项目的通知》,决定自2009年1月1日起,在全国统一取消和停止征收100项行政事业性收费,为减轻社会负担、促进经济发展发挥了重要作用。随后,各省市纷纷开展行政事业性收费的专项整顿和清理工作,并取得了显著成效。据统计,2009年,全国行政事业性收费收入达2317.04亿元。

四、2008年11月至今

2010年5月10日,财政部、国家发展改革委根据国务院办公厅《关

于制定治理和规范涉企收费措施的分工意见》以及国家发展改革委、财政部等14个部门联合印发的《关于开展治理和规范涉企收费工作的通知》的要求，联合发布了《关于清理规范涉企行政事业性收费的通知》，规定中央国家机关、事业单位、代行政府职能的社会团体及其他组织要全面清理本部门、本单位涉企行政事业性收费项目和标准。其中：凡未经国务院或财政部、国家发展改革委批准的行政事业性收费项目，均属于乱收费，应当一律予以取消；对不尽合理或者重复设置的行政事业性收费项目，也要予以取消；对行政事业性收费标准偏高的，要予以降低。各省、自治区、直辖市财政、价格主管部门，要按照国家有关行政事业性收费审批管理规定，对本地区涉企行政事业性收费进行全面清理。其中：凡未经国务院和省、自治区、直辖市人民政府及其所属财政、价格主管部门批准的行政事业性收费项目，均属于乱收费，应当一律予以取消；对不尽合理或者重复设置的行政事业性收费项目，也要予以取消；对行政事业性收费标准偏高的，要予以降低。按照《中共中央国务院关于治理向企业乱收费、乱罚款和各种摊派等问题的决定》的规定，1997年以后，各省、自治区、直辖市人民政府及其所属财政、价格主管部门审批的涉企行政事业性收费项目和标准，要分别征得财政部和国家发展改革委同意。凡未经财政部、国家发展改革委同意的涉企行政事业性收费项目，原则上应当予以取消；确需保留的，应按规定程序报财政部、国家发展改革委重新审核。通知还要求，财政部、国家发展改革委在审批企业直接负担的行政事业性收费项目时，要严格以法律、行政法规为依据；凡没有法律、行政法规依据的，一律不予批准设立企业直接负担的行政事业性收费项目。各省、自治区、直辖市新设立企业直接负担的行政事业性收费项目和标准，一律要严格按照中发〔1997〕14号文件规定，报经财政部、国家发展改革委审核同意，并在批准设立企业直接负担的行政事业性收费项目和标准文件中注明"经财政部、国家发展改革委审核同意"的内容。各省、自治区、直辖市新设立企业直接负担的行政事业性收费项目和标准，凡未经财政部、国家发展改革委审核同意的，有关企业一律可以拒绝缴纳。

一系列数据显示，2010年以来，行政事业性收费总体呈减少趋势。从全国行政事业性收费总额上看，从2011年的7911亿元，降至2012年的5857亿元；从行政事业性收费占财政收入的比例看，从2007年的13.7%降至2011年的7.6%；从中央审批的收费项目数量看，2011年比2007年减少700项，2012年又比2011年减少34项。

2013年10月16日，为落实国务院推进政府职能转变的要求，财政部会同国家发展改革委发布《关于公布取消314项行政事业性收费的通知》，决定自2013年11月1日起，取消314项各省、自治区、直辖市设立的行政事业性收费，加上同年6月两部委发文公布取消和免征的33项中央级行政事业性收费，2013年以来已共计取消和免征347项行政事业性收费。取消上述行政事业性收费后，有关部门和单位依法履行管理职能所需相关经费，由同级财政预算予以保障。其中，行政机关和财政补助事业单位的经费支出，通过部门预算予以安排；自收自支事业单位的经费支出，通过安排其上级主管部门项目支出予以解决。

进一步清理和规范行政事业性收费，将有助于完善社会主义市场经济体制，规范政府收入分配秩序，促进依法行政；有助于进一步减轻企业和社会负担，为企业创造良好发展环境，促进国民经济持续健康发展。清理行政事业性收费，已经成为减轻群众负担、扶持实体经济、转变政府职能的结合点、发力点。根据2013年3月公布实施的《国务院机构改革和职能转变方案》任务分工，到2014年6月底前要基本完成清理不合法不合理的行政事业性收费工作。今后还将随着政府审批、准入、投资等管理事务的取消和管理方式的转变，将相应取消一批管理类、准入类收费。随着事业单位分类改革的推进，将相应减少一批作为行政事业性收费管理的项目，将其转为服务价格；推进费改税，逐步取消一批可改为税收征管的收费项目，并根据成本变化情况，及时调整相应收费标准。

按照行政事业性收费的管理规定，行政事业性收费实行中央和省两级审批。在中央有关部委清理行政事业性收费的同时，各省份已在积极清理。在坚决清理取消政府在基本公共服务领域的管理类收费项目的同时，对确实需要保留下来的行政事业性收费要做到依法设立、监审成本、不得盈利、公开透明、接受监督。

五、地方行政事业性收费工作概况

我们再以吉林省的情况为例，说明各地行政事业性收费工作的历史沿革及现状。

（一）吉林省行政事业性收费工作的发展过程

吉林省行政事业性收费工作始于1985年。1987年，吉林省根据国务院颁布的《中华人民共和国价格管理条例》的有关规定，正式将行政事业性收费纳入价格管理的轨道，形成了以物价部门为主、财政部门参与管理的格局。1993年，根据《吉林省行政事业性收费管理目录》的要求，调整、取消、撤并和划转了一批行政事业性收费项目和标准。目前，吉林省已先后制定并实施了《吉林省规范政府非税收入管理办法》、《吉林省财政票据管理办法》、《吉林省政府非税收入稽查办法》等地方政府规章。按照国家和省政府"清理行政收费，切实减轻企业和社会负担"的要求，从2004年开始截至2012年，吉林省已连续8年开展"清费减负"工作，累计清理、取消、暂停征收了221项行政事业性收费，全省行政事业性收费项目已由清理前的371项减少到168项。其中，国家级121项，省级47项。取消、暂停的收费项目占清理前的54.7%。对涉企收费项目普遍降低了收费标准，全省累计减轻企业和社会负担约42亿元，平均每年约6亿元左右。清理后的行政事业性收费目录每年都向社会公布，自觉接受社会监督。

（二）吉林省行政事业性收费的基本情况

2008年，吉林省的地方财政收入为422.8亿元，其中行政事业性收费39.34亿元，占全省地方财政收入的9.3%；2009年，吉林省地方财政收入为487亿元，其中行政事业性收费43.6亿元，占全省地方财政收入的8.95%；共有收费部门38个，收费总额达64.7亿元，占地方财政收入的10.6%。

据财政部门统计，2010年，吉林省行政事业性收费项目共计168项，分项161项；共有收费部门38个，收费总额共计64.7亿元，占地方财政收入的10.6%。其中，省级14.1亿元，占总数的21.8%，市县级50.6亿元，占总数的78.2%；收费金额较大的部门依次为国土资源部门10.13亿元、建设部门6.68亿元、公安部门5.71亿元、卫生部门4.92亿元、质量技术监督部门3.58亿元、人防部门2.33亿元；与国家分成项目4项，其中外国人签证费上缴公安部证件工本费每证20元，司法考试考务费按照每个考生30元的标准上缴中央，摄影师预备资格考试费中央与地方按照4:6分成，土地登记费中央与地方按照3:7分成；从管理方式上看，缴入国库的161项，缴入财政专户的22项；收费依据共计480项，其中法律22项，法规规章38项，规范性文件420项。文件依据中，2000年以前的134项，1990年以前的9项。从批准级次上看，国家级的121项，省级的47项。全省累计发放收费许可证4338个，其中省本级发放248个。

据财政部门统计，2010年，长春市的行政事业性收费部门共计40个，收费项目大项168项，分项163项，收费金额共计11.27亿元，占地方财政收入的7.28%。按照管理方式划分，缴入国库的160项，缴入财政专户的23项；从批准级次上看，国家级120项，省级48项。全市累计发放收费许可证492个，其中国家机关142个，事业单位311个，其他单位39个。

2010年，白城市行政事业性收费部门共计19个，收费项目大项168项，分项158项，收费金额共计7598万元，占地方财政收入的13.5%。按照管理方式划分，缴入国库的54项，缴入财政专户的16项。从批准级次上看，国家级55项，省级15项。全市累计发放收费许可证共计460个，其中国家机关100个，事业单位352个，社会团体1个，其他单位7个。

2010年，白山市行政事业性收费部门共计20个，收费单位共计39个，收费金额共计7281.2万元，占地方财政收入的2.9%，收费项目76项。全市累计发放收费许可证共计325个，其中国家机关152个，事业单位172个，其他单位1个。

2010年,九台市行政事业性收费部门共计18个,收费项目大项168项,分项150项,收费金额共计5773万元,占地方财政收入的7.69%。按照管理方式划分,缴入国库的38项,缴入财政专户的23项;从批准级次上看,国家级35项,省级12项。全市累计发放收费许可证共计68个,其中国家机关14个,事业单位54个。

2010年,通榆县行政事业性收费部门共计21个,收费项目大项168项,分项151项,收费金额共计3916万元,占地方财政收入的16.45%。按照管理方式划分,缴入国库的47项,缴入财政专户的6项;从批准级次上看,国家级48项,省级5项。全县累计发放收费许可证共计64个,其中国家机关23个,事业单位41个。

(三) 行政事业性收费资金的管理和使用情况

吉林省有关部门认真执行"收支两条线"的管理制度,按照要求将收入全额上缴同级财政。为了确保行政事业性收费收入及时足额缴入国库,提高资金的使用效益,省财政部门按照"统一规范、运行高效、监督有力"的原则,在总结省内外先进经验的基础上,研究开发了非税收入征收管理系统,实现了财政、执收单位、代收银行之间的信息共享和互联互通。该系统能够对全省所有执收单位、所有收费收入实行动态监控,利用财政票据的"链条"作用实现源头控制,大大提高了征收和管理效率。

在资金使用上,行政事业性收费主要用于弥补财政资金缺口,以及单位运转、事业发展和人员开支等方面的支出。

第二章

有关国家和地区行政收费制度的比较研究

为了借鉴有关国家和地区行政收费制度的经验教训，完善我国的行政收费制度，运用法律手段规范行政收费行为，我们对一些有代表性国家和地区的行政收费法律制度进行了比较研究。

第二章 有关国家和地区行政收费制度的比较研究

第一节 行政收费的含义和分类

在其他国家和地区,难以找到与我们的行政收费完全对等的概念。有关国家和国际组织对行政收费制度主要有两种认识:一是对价说。经济合作与发展组织(OECD)认为,行政收费是向接受政府服务的受益者收取的,与服务成本相对应的费用。二是使用费说。美国有关法律规定,个人或者组织直接从政府项目、活动中受益或者接受政府项目、活动规制,就要交纳商业类事务收费和规制类事务收费。

一、德国的行政收费

德国的行政收费包括管理性收费和使用费。管理性收费是为行政管理相对人的利益而实施了特定的行政行为所征收的费用,如颁发许可证、考试费、监控费、危险和损害调查费、强制执行费、学生重新注册费等。使用费是指依法对公共设施的使用人征收的费用,如水、电、气使用费,交通设施、图书馆、博物馆、游泳馆、墓地埋葬和看护费,废水处理费、道路清洁费、垃圾清理费、道路使用费、航空安全服务和设施费等。

二、美国的行政收费

美国联邦层面的行政收费有三类:一是对收益和服务收取的使用费。这类使用费多以补偿政府提供服务的成本为目标,收费标准通常低于市场价格,主要包括:邮政服务费,保险费,研究服务、技术信息、地图、图表和数据等的其他收费。二是对出租、特许和资源销售收取的使用费。这类收费完全以市场交易规则为基础,收费标准通常与市场价相同。三是管理费,即个人或者组织因其活动受政府规制而支付的费用,主要包括:农产品检疫费、娱乐费和废矿回收费、护照和领事签证费、港口维护费、专利和商标费、气象服务费等。

美国各州和地方一级,除出租、特许和资源销售等方面的行政收费项目外，州和地方层面的使用费主要有以下几类：一是教育收费，如州立大学收取的学费。二是环境和自然资源收费，主要来源于地方污水处理和固体废物处理收费。三是交通收费。四是公园收费、娱乐收费等其他收费。

三、日本的行政收费

日本的行政收费包括分担金、负担金、手续费和使用费，统称为受益者负担。其中，根据日本《地方自治法》第二百二十四条的规定，对特定多数人或者普通地方公共团体的一部分具有利益的事业，为了充当其必要的经费，对该事业特别受益的人，在其受益的范围内，可以征收分担金。负担金是为使国家在一些领域能够提供足够的公共服务，而由法律规定应当由不特定的行政管理相对人负担的费用，如都市计划负担金、道路负担金、河川负担金、海岸负担金、港湾负担金、森林负担金、下水道负担金、水库负担金、养老负担金等。手续费是指行政机关为受益的特定管理相对人实施特定行政行为时收取的手续费和工本费，如原通商产业省管理的行政收费项目有登记申请手续费、商品市场交易委托许可登记费等150项。使用费是指行政机关为维护自然资源、提高公共设施的使用效率，对利用自然资源或者公共设施的管理相对人征收的费用。

四、俄罗斯的行政收费

俄罗斯的行政收费主要有许可证收费和企业注册收费。许可证收费项目主要包括许可证申请审理费、许可证重新审理费、许可证延期费和许可证副本发证费等。另外还有一些服务项目收费，如咨询服务收费、办理商业租赁合同及抵押服务收费等。

五、我国台湾地区的行政收费

我国台湾地区的"规费法"第六条规定，规费分为行政规费及使用规费。第七条规定，各机关、学校为特定对象之权益办理下列事项，应征收行政规费，但因公务需要办理者，不适用之：（1）审查、审定、检查、稽查、稽核、查核、勘查、履勘、认证、公证、验证、审验、检验、查验、试验、化验、校验、校正、测试、测量、指定、测定、评定、鉴定、检定、检疫、丈量、复丈、鉴价、监证、监视、加封、押运、审议、认可、评鉴、特许及许可；（2）登记、权利注册及设定；（3）身份证、证明、证明书、证书、权状、执照、证照、护照、签证、牌照、户口簿、门牌、许可证、特许证、登记证及使用证之核发；（4）考试、考验、检核、甄选、甄试、测验；（5）为公共利益而对特定行为或活动所为之管制或许可；（6）配额、频率或其他限量、定额之特许；（7）依其他法律规定应征收行政规费之事项。第八条规定，各机关学校交付特定对象或提供其使用下列项目，应征收使用规费：（1）公有道路、设施、设备及场所；（2）标志、数据（讯）、誊本、复印件、抄件、公报、书刊、书状、书表、简章及图说；（3）数据（讯）之抄录、邮寄、传输或档案之阅览；（4）依其他法律规定应征收使用规费之项目。

第二节　行政收费制度的立法模式

一、单独立法模式

采取这种立法模式的国家以德国为代表，其特点是专门制定关于行政收费的法律制度。德国作为一个联邦制的国家，在联邦一级，制定了《行政费用法》；在州一级，也都制定了有关行政收费的专门立法，如图林根等州制定了《行政费用法》，柏林市制定了《规费和受益费法》；除上述专门立法外，在一些部门法如建设法、垃圾法等法律中，还相应规定了具体的收费项目。

2002年，我国台湾地区通过了"规费法"，适用于各级政府及所属机关、学校征收规费的行为。此外，"地方制度法"规定："地方政府规费之范围及课征依规费法之规定；其未经法律规定者，须经各该立法机关之决议征之。"

加拿大在联邦一级，与行政收费有关的法律包括《财政管理法》、《使用费法》和其他部门法。在省（地区）一级，大部分地方都制定了专门的收费法律，如新斯科舍省制定了适用于行政管理类收费的《费用法》和主要适用于司法类收费的《成本和费用法》。对于省（地区）以下的收费，一般均由省（地区）所制定的法律授权市议会通过规章设定。

二、分散立法模式

采取这种立法模式的国家以美国为代表，其特点是关于行政收费制度的规定散见于不同的法律文件中。目前，在联邦政府层面已经形成了完整而严密的使用费法律制度体系，主要包括四个层次：一是基本法。1952年颁布的《独立机构拨款法》是规范使用费的基本法律，对政府机构收取使用费作了普遍授权。根据该法，联邦政府机构可以通过制定规章收取使用费，但使用费的确定必须以政府支出的成本、提供的服务或者资源对受益人的价值、公共政策或者公共利益等相关因素为基础。二是特别法。国会经常通过特别立法授权联邦政府机构收取使用费。国会对该项收费的态度直接决定着授权的大小。如有的立法明确规定使用费的费率或者数额、计算使用费的公式、收取使用费的方法和期限、使用费的管理等内容，而有的立法则授予政府机构通过规章自行决定或者修改使用费费率等广泛的裁量权。三是政策。包括总统制定的政策和联邦管理与预算办公室制定的政策。前者主要指总统发布的行政命令。1952年《独立机构拨款法》规定，除非有其他法律的特别授权，否则联邦政府机构设定使用费的规章必须服从于总统制定的政策。后者主要指联邦管理与预算办公室根据法律和总统授权而对联邦行政机构发布的通告。其中，通告A-25是联邦政府机构在收取使用费方面最重要的政策依据。此外，联邦管理与预算办公室还经常对特定领域的使用费发布通告，提供具体指引。四是政府规章。联邦政府机构根据法律授权，有权通过政府规章设定或者规定使用费。政府规章统一编入联邦规章汇编，并向社会公布。在美国各州，没有专门规范行政收费的立法，而是由州议会行使收费权，如马里兰州的《人权宣言》第十四条规定，未经议会同意，不得以任何形式设定或征收税收和费用等。

日本目前没有制定专门规范行政收费的立法。《地方自治法》规定，地方公共团体可征收分担金、使用费、手续费等，并规定了分担金、使用费、手续费的设定、征收和救济。

上述立法模式的共同点在于，法律都授权政府部门颁布实施有关行政收费的具体制度。授权方式有总体授权、特定授权，或者二者兼有。总体授权，是指法律授权政府部门制定关于行政收费的所有规章。德国联邦《行政费用法》授权联邦内政部长，在联邦参议院同意的情况下，颁布一般的行政管理规章实施该法。特定授权，是指法律就行政收费行为中的某一具体制度授权政府部门制定具体规章或规则予以实施。新加坡《规费法》规定，财政部长可以通过命令，对规费、执照费、许可费以及其他下级法院、公共机关和部门征收的费用，制定费用表。财政部长可以通过命令，规定以印花税票方式或现金支付方式缴纳规费或执照费。财政部长有权决定规费的减免，并可以制定规费或其他费用减免表。

有些国家和地区的立法，采用了总体授权与特定授权相结合的方式。柏林市《规费及受益费法》规定，市政府依法发布规费命令及受益费命令。财政局长发布法规命令和行政规则，详尽规定延期缴费、停止征收或免除费用等事项。市政府主管机关会商财政局长，发布执行规费命令和受益费命令所必需的行政规则。

第三节　行政收费立法的基本原则

一、合理划分税费关系

在西方国家，所有政府收入都要纳入财政预算，并一般用"预算收入"、"财政收入"、"国家收入"等概念表述。近年来，随着"公共财政"或"公共经济学"的兴起，政府收入往往用"公共收入"一类的概念来表述。"公共收入"包括税收收入和非税收入。从财政管理的角度看，行政收费属于非税收入。一般而言，国家通过立法对税收行为进行规范，从而使税收成为政府筹资和调节经济运行的主要手段，同时，政府对公民或法人提供特定服务时还要收取一定手续费、工本费等。

二、严格遵守法律规定

这项原则包括三层含义：一是依法设定行政收费的项目和标准。在西方国家，政府机构必须依据法定权限和程序制定行政收费项目和标准。如芬兰《宪法》第八十一条规定："关于政府机关在履行职责、提供服务和其他行为的收费和收费标准，由法律规定。"挪威《宪法》第七十五条规定："议会有权规定赋税、关税及其他应征收的公共费用。"澳大利亚联邦《基本法》第一百一十二条规定："州为执行州的检查，得对进出口货物，或对运进运出该州的货物，征收必要的费用。"这些规定为行政收费奠定了立法基础。二是行政收费的方式要符合法律规定。为了提高工作效率、降低成本、预防公务人员徇私枉法，西方国家规定了行政收费的法定方式，并大量运用网络、电子系统等现代化手段。芬兰财政部规定，缴费主要通过商业银行进行，也可以采取网上付费、邮寄付费等方式。行政收费获得的资金将通过电子收费系统自动划转到政府在商业银行设立的收入账户。日本行政收费大多采用贴印花的方式，交费者通过购买印花缴纳手续费。行政收费获得的资金直接进入国库。三是行政收费的收支管理应符合法律规定。各国政府通过建立完善的收支审查制度，加强公众监督，以防止行政收费获得的资金被挪用或滥用。加拿大联邦政府通过多种形式加强对行政收费的监督：在实施行政收费前，政府机构通过媒体公布收费项目和标准。每年在向议会报告政府财政收支预算时，必须包括有关行政收费的具体内容。在国库部设立联络点，听取缴费人的意见。在政府的《公共会计》、部门和单位的《年度报告》中详细反映有关行政收费的收支情况。

三、强调效率、兼顾公平

这项原则从两个方面体现：一是注重效率。通过特定受益人支付服务成本来限制社会个体对政府服务的需求，从而实现资源配置效益的最大化。收取的费用应能弥补政府提供服务的成本。二是兼顾公平。根据"谁受益谁负担"的原则，政府服务的受益人应当负担该项服务的成本。同时，承受能力强的人应当负担更多的使用费。行政收费的成本，应当至少包括收取费用的成本、强制执行的成本等。这些成本应当维持在最低水平。

第四节 几项具体管理制度

一、行政收费项目法定制度

行政收费直接关系到公民、法人和其他社会组织的财产权利。因此，大多数国家规定不得在法律规定之外自行设定行政收费项目。

（一）美国

美国的行政收费项目由法律规定，收费标准和方式由行政主管部门制定。美国联邦政府提供特定服务收取费用，要经过国会的授权。

美国国会于1996年通过的《新移民法》授权国务院和移民局在移民大抽签中向申请人收费，以作为处理该事项的经费。收费方式和标准则由国务院领务司确定。实际收费标准为每位中签并开始申办移民美国的人要支付75美元，以弥补国务院和移民局处理移民大抽签的650万美元经费预算。

美国各州政府对企业注册登记和核发证照收费，要经过州议会的授权或者批准，具体标准由各州政府负责企业注册的主管部门根据本州的实际情况提出，报州议会批准。确定行政收费标准的依据包括：是否鼓励企业在本州设立、本州现有企业的经营状况、财政收入情况、物价水平和消费水平等。对盈利性企业，有些州对第一次收费较高，重新注册收费较低，有些州则相反；对非盈利性企业，有些州收费很少，有些州不收费。

美国县级政府的行政收费较多，以加利福尼亚州洛杉矶县为例。1997

年至 1998 年，其财政收入的 48% 来自上级政府的转移支付，9.5% 来自地方税收，其余的 42.5% 来自行政收费、利息收入、捐赠收入等非税收入。但是，对于收费项目的管理和控制都要通过地方政府会议或者社区的选民投票决定。其中，选民投票要经财产所有者的多数或者选民的 2/3 通过。

（二）德国

德国政府行政收费的主要法律依据是联邦《管理费用法》和《联邦建筑法》。根据联邦《管理费用法》的规定，各级政府机关应提出有关行政收费的立法草案，报同级议会讨论通过，形成正式法律，行政机关再依法执行。

（三）澳大利亚

澳大利亚政府的行政收费审批权集中在联邦和州两级。行政机关设立行政收费项目，应向联邦国库部门或州国库部门提出申请，经联邦国会或者州议会批准后，由联邦或州以法律形式颁布实施。属于中央政府机构的行政收费，经联邦政府国库部审核，由总理报国会讨论通过，最终由联邦政府以法律形式颁布实施。属于州或地方政府机构的行政收费，须经州政府国库部门审核，报州议会讨论通过，并最终以州法律的形式颁布实施。行政收费的标准限定在一定的限额内。有关部门只能在法定标准的范围内作适当调整。

（四）俄罗斯

俄罗斯《单项活动许可制度联邦法》详细地划分了需要办理许可证的活动项目，并规定"许可证收费最多不能超过俄罗斯最低劳动工资的 100 倍"。在此限额下，具体收费标准由联邦政府和联邦主体国家权力机关根据各地区、各部门的实际情况确定。其中联邦管理机关和专门授权机关负责的许可证收费标准由联邦政府确定，具体文件由联邦总理签署。联邦主体执行权力机关和专门授权机关负责的许可证收费标准由联邦主体国家权力机关确定，具体文件由共和国总统、各州州长等联邦主体国家权力机关首脑签署。联邦执行权力机关和联邦主体执行权力机关及各自相应的专门授权机关负责的许可证收费标准，由联邦执行权力机关和联邦主体执行权力机关共同制定。这样就形成了联邦管理、联邦与州共同管理、地方政府管理等三种形式。

俄罗斯的企业注册以地方为主,联邦经济部所属国家注册局只负责外国商业组织注册和外国公司在俄罗斯开办代表处注册。其他注册均由地方负责。

(五)加拿大

加拿大三级政府分别管理本级非税收入,并由各级议会批准。联邦非税收入的法律依据包括《宪法》、联邦《财政管理法》和其他专项法律三类。省级政府有权在其管辖区域内筹集非税收入,并在制定省级法律时规定。地方政府筹集非税收入的行为,必须由省级法令授权。

(六)日本

日本政府的公共服务机构出台的任何行政收费项目,都必须有相应的法律法规依据。修改行政收费的标准也要经过复杂和严格的批准程序。

行政收费项目分为中央部门直接管理和地方管理两种。涉及全国性的收费项目,其标准的制定和调整权限在中央,地方管理的项目调整权限在地方。此外,还有一些行政收费项目由中央委托地方管理,一般是通过负责调整地方业务的自治省负责。

所有的收费项目都有严格的法律界定。各项收费制度不仅在形式上要以法规、告示或命令的方式颁布,在项目设定时也要有明确的法律依据。

(七)我国台湾地区

我国台湾地区的"财政收支划分法"规定:"司法机关、考试机构及各级政府之行政机关征收规费,应依法律之规定,未经法律规定者,非分别先经立法机关或民意机关之决议,不得征收之。"

二、修改行政收费项目和标准的沟通协商机制

行政收费直接涉及行政管理相对人的财产权益,应当充分听取行政管理相对人的意见,获得他们的认可。经合组织在其关于政府收费管理的指导原则中明确提出:"当需要新开征一项收费或者对原有收费项目进行重

大调整时，要与征缴对象进行协商。这样有助于让对方知道收费的合理性，以避免发生误会。而且，缴费者的意见对建立和实施有效的政府收费制度大有裨益。"实践中，一些国家和地区在变更行政收费项目和标准的过程中，大多采用了召开听证会、座谈会等形式，听取行政管理相对人的意见和建议。加拿大《使用者付费法》第四条规定，管制机构在收费项目立项、收费标准提高、收费范围扩大或者收费期限延长之前，必须通知与该收费相关的相对人和行政部门，给予相对人就有关行政收费的事项提出建议的机会。向相对人就行政收费的决定以及行政收费所涉及的成本和收益作出清楚解释。建立一个独立咨询小组，解决行政管理相对人提出的有关行政收费问题的质询。对于相对人提出的质询，管制机构应当努力解决，否则，将由独立咨询小组调查，由其向管制机构和质询者提供解决争议的建议。

在美国，使用费费率的调整通常由联邦政府机构制定规章或者国会立法实现。通过制定规章调整使用费费率，有助于提高使用费与该项目成本变化相适应的能力，经常性地更新使用费。定期评估使用费是一项法定义务。1990年的美国《首席财务官法》规定，对本机构提供服务或者资源而设定的收费，联邦政府机构的首席财务官应当每两年进行一次评估，并适时提出修改建议，以反映提供这些服务或者资源的成本变化。联邦管理与预算办公室通告A-25也明确要求，联邦政府机构应当制定每两年对使用费进行评估的计划。另外，联邦政府机构还应当对根据1990年《首席财务官法》要求形成的首席财务官年度报告中有关使用费评估的结果以及结论性建议进行讨论。

三、征收程序

征收程序是行政机关实施行政收费行为时应当遵循的方式、步骤、时限和顺序等。它对保障行政收费行为的合法性和正当性具有重要意义。德国柏林市的《规费和受益费法》专门规定了规费的征收机构、征收程序、预缴、规费凭证、延期缴纳、多缴或者误缴规费的退还、规费消灭时效及强制执行等。我国台湾地区"规费法"则详尽规定了规费的缴纳期限、延期缴纳的办理、分期缴纳、规费消灭时效、多缴或者误缴规费的退还以及逾期缴纳的处罚等。

四、救济制度

有关国家的立法规定，行政收费是以强制方式取得行政管理相对人财产所有权的行为。即使该行为不合法，行政管理相对人也不能拒绝行政收费行为的执行，而只能通过其他途径来寻求救济。德国《行政费用法》规定，有关行政收费的决定可以与有关行政管理的实体决定一起或者单独被提起救济。针对行政管理实体决定的法律救济可以延伸到有关行政收费的决定。如果单独对有关行政收费的决定提出救济，则法律救济程序应按照单独程序进行。

五、行政收费收入的管理和支出制度

美国有关法律规定，使用费支出的基本原则是：除法律另有规定外，收取的使用费应当作为杂项收入归入国库中的普通公共资金。如果收费是联邦政府机构根据1952年《独立机构拨款法》而非特别法的授权设定的，则该收费应当纳入美国财政部的普通公共资金，而不应当被预留。这种设计的结果是，国会可以通过立法来决定联邦政府机构在多大程度上可以预留和使用该收费。根据联邦管理与预算办公室通告A－25的规定，当某项行政收费是为了向一项公共服务提供财政支持以保证其基本实现自给自足时，允许提供该项服务的机构保留收取的费用。但是，也应当符合成本补偿原则，即任何超过成本补偿的收费，都应当作为杂项收入归入国库中的普通公共资金。在法律特别授权联邦政府机构预留并使用该收费之前，国会可以通过拨款法案将使用费拨给联邦政府机构使用，但拨款法案往往会直接规定和限制使用费的支出。

第五节　值得借鉴的经验

有关国家和地区行政收费法律制度的一些规定对于建立健全我国的行政收费法律制度有一定的参考价值。

一、严格依法管理

大部分国家的行政收费和支出的预算和决算，都必须经过审查和批准，并对其财务状况进行审议和监督。同时，通过采用多种专门预算管理方式、实施收支两条线的管理等，使行政收费在实施过程中，做到依法实施、管理规范、监督严格，有利于保持正常的分配秩序，防止行政收费的资金流失，制止违法行为。

一些国家对行政收费的管理非常严格，收费项目和标准的确定及其实施都要遵循法定原则，并经过严格的程序。例如，德国柏林市的《规费和受益费法》对规费征收机构、征收程序、预缴、规费凭证、延期缴纳、多缴或误缴规费的退还、规费消灭时效以及强制执行等都做了专项规定。

二、关键性标准设计科学

美国使用费的构成要素包括特别收益、特定受益人、成本或者价值和使用费的数额等内容。一是特别收益。这是收取使用费的前提。根据联邦管理与预算办公室通告 A－25 的规定，政府提供的服务符合下列条件之一的，可以认定为存在特别收益：（1）能够使受益人比其他社会公众获得更直接或者更大的利益。（2）可使受益人的经济活动保持稳定或者有助于保持公众对受益人经济活动的信心。（3）该服务是应受益人的要求或者为受益人的便利而提供的，且超过同一行业其他成员或者社会公众能够接受的服务。二是特定受益人。根据"谁受益谁付费"的原则，应当向直接受益人收费，即使用费应当向特别利益的获得者收取，对间接受益人不收费。三是成本或者价值。使用费的数额主要取决于政府提供服务或者产品的成本以及项目惠及私人的程度。除法律规定的例外情形外，如果政府采取某种行动，其收益主要由特定个人享有、公众受益仅是其附带结果的，使用费应当充分弥补政府提供服务或者产品的全部成本。反过来说，如果政府活动属于商业交易如出租或者销售货物和资源的，则收费标准应当根据市场价格确定。四是使用费的数额。在确定项目成本的基础上，根据"谁受益谁付费"的原则，应当将政府服务的成本在不同使用者之间分摊，以使每个使用者支付的费用相当于政府所提供服务的成本。具体有特定客户特定收费和设定一个平均费率等两种分摊方式。在实践中采用哪种行政收费方式主要取决于政府项目的目标、使用费的数额、不同使用者之间的成本差异等因素。

第三章

我国现行行政事业性收费制度的基本内容及其主要问题

从现行的有关法律规定来看，我们已经基本形成了行政收费的法律制度，为规范行政收费行为发挥了重要作用。

第三章 我国现行行政事业性收费制度的基本内容及其主要问题

第一节 我国现行行政事业性收费制度的基本内容

我国有关行政事业性收费的规定多散见于单行的法律、法规、规章和规范性文件中。据初步统计，截至2011年1月，我国共有45件法律、72件行政法规、120件部门规章规定了有关行政收费的事项。现行行政事业性收费制度对以下几个重大问题作了规定。

一、行政事业性收费的管理体制

我国行政事业性收费管理体制的发展，大致可以划分为两个阶段：第一阶段是以物价部门为主的管理体制。《价格管理条例》第三十六条规定："行政性收费、事业性收费，物价部门应当根据国家的价格方针、政策进行管理和监督，并会同有关部门核定收费标准。"第二阶段是以物价部门、财政部门共同管理的体制。1990年9月，中共中央、国务院《关于制止乱收费、乱罚款和各种摊派的决定》明确规定："行政事业性收费项目，审批权限集中在中央和省（不含计划单列市）两级。根据收费项目情况，分别由国家物价局、财政部和省物价、财政部门审批，重要项目须报国务院或省政府批准。"此后，这种管理体制一直延续至今。

我们再以吉林省的情况来说明各地行政事业性收费的监督管理体制。吉林省财政厅会同省经济发展软环境办公室、物价局负责行政事业性收费的监督检查。财政厅实行行政事业性收费项目库管理，通过建立统一、高效、监管便利的信息化征管系统集中维护收费项目，全面实行"单位开票、银行代收、财政统管"收缴分离的征收机制，有效地防止了擅自设立行政事业性收费项目和提高收费标准等违法行为的发生。财政厅还在总结实践经验的基础上，研究开发了非税收入征收管理系统，实现了财政、征收机构、代收银行之间的信息共享和互通联网，能够对全省所有行政事业性收费收入实行动态监管，利用财政票据的"链条"，提高监管效率。

二、行政事业性收费项目的设定制度

1993年10月,中共中央办公厅、国务院办公厅《关于转发财政部〈关于对行政性收费、罚没收入实行预算管理的规定〉的通知》中规定,在法律、法规之外,任何地方、部门和个人均无权擅自设立行政性收费项目和罚没项目。

2004年12月,财政部、国家发展改革委发布的《行政事业性收费项目审批管理暂行办法》第八条规定,除法律、行政法规和国务院另有规定外,中央国家机关、事业单位、代行政府职能的社会团体及其他组织(包括中央驻地方单位)申请设立收费项目,应当向财政部、国家发展改革委提出书面申请,由财政部、国家发展改革委审批。

从上述规定中可以看出,行政事业性收费的设定可以分为以下四种情况。

(一)法律规定行政事业性收费

一是由法律明文规定行政事业性收费项目,具体收费标准授权国务院或国务院相关部门制定。例如,《商标法》第七十二条规定:"申请商标注册和办理其他商标事宜的,应当缴纳费用,具体收费标准另行规定。"《水法》第四十八条第二款规定:"实施取水许可制度和征收管理水资源费的具体办法,由国务院规定。"二是法律要求按有关规定收费,但未授权有关机关制定具体办法。例如,《专利法》第七十五条规定:"向国务院专利行政部门申请和办理其他手续,应当按照规定缴纳费用。"

(二)行政法规规定行政事业性收费

行政法规规定行政事业性收费项目,具体收费标准等授权有关主管部门制定。我们曾经对国务院现行有效的870多部行政法规进行了查找和搜索。现对其中包含行政事业性收费条款的161部行政法规和10部有关行政事业性收费的专门法规的情况整理分析如下。

1. 行政事业性收费的基本要素

行政法规中关于行政事业性收费的基本要素包括收费主体、收费名

第三章 我国现行行政事业性收费制度的基本内容及其主要问题

称、收费对象和范围、收费标准、收费期限、收费方式、收费用途、禁止性规定等。

（1）收费主体。现行行政法规中，基本上都规定了收费主体，即由哪个机构来实施行政事业性收费。如《中华人民共和国海港管理暂行条例》第十四条第（十四）项规定了由港务局来收取各项收费："港务局之职责：……（十四）征收所规定之港口费用及各种规费。"

（2）收费名称。收费名称即收费项目，包括服务费、登记费、耗材费、排污费、检测检验费、管理费、工本费、证照费、保管费等。

（3）收费对象和范围。有的行政法规规定了收费对象。如《收费公路管理条例》第七条规定，收费公路的经营管理者，经依法批准有权向通行收费公路的车辆收取车辆通行费。军队车辆、武警部队车辆，公安机关在辖区内收费公路上处理交通事故、执行正常巡逻任务和处置突发事件的统一标志的制式警车，以及经国务院交通主管部门或者省、自治区、直辖市人民政府批准执行抢险救灾任务的车辆，免交车辆通行费。进行跨区作业的联合收割机、运输联合收割机（包括插秧机）的车辆，免交车辆通行费。联合收割机不得在高速公路上通行。

（4）收费标准。行政法规中关于收费标准的表述有两种方式。一种是比较原则性的，如只说明要收取的具体项目，但具体标准则由国务院另行制定。如《中华人民共和国水路运输管理条例》第二十四条规定："水路运输企业和其他从事营业性运输的单位、个人必须按照国家规定缴纳税金、规费（港务费、船舶停泊费、航道养护费）和运输管理费；从事非营业性运输的单位和个人必须按照国家规定缴纳规费。规费和运输管理费的计征办法由交通部会同国务院有关主管部门制定。"《中华人民共和国民用航空器权利登记条例》第十九条规定："申请人办理民用航空器权利登记，应当缴纳登记费。登记费的收费标准由国务院民用航空主管部门会同国务院价格主管部门制定。"上述行政法规没有明确行政收费的标准，而是规定另行制定。

另一种表述则比较明确，如《国务院关于鼓励外商投资的规定》第四条规定:"产品出口企业和先进技术企业的场地使用费,除大城市市区繁华地段外,按下列标准计收:一、开发费和使用费综合计收的地区,为每年每平方米五元至二十元;二、开发费一次性计收或者上述企业自行开发场地的地区,使用费最高为每年每平方米三元。前款规定的费用,地方人民政府可以酌情在一定期限内免收。"

(5)收费期限。有的行政法规对收费期限作了规定。如《收费公路管理条例》第三十七条规定:"收费公路的收费期限届满,必须终止收费。政府还贷公路在批准的收费期限届满前已经还清贷款、还清有偿集资款的,必须终止收费。依照本条前两款的规定,收费公路终止收费的,有关省、自治区、直辖市人民政府应当向社会公告,明确规定终止收费的日期,接受社会监督。"

(6)收费方式。《中华人民共和国专利法实施细则》第八十三条规定:"专利法和本细则规定的各种费用,可以通过邮局或者银行汇付,也可以直接向专利局缴纳。"

(7)收费用途。有的法规明确规定了行政事业性收费的用途。如《收费公路管理条例》第三十六条第二款规定:"政府还贷公路的车辆通行费,除必要的管理、养护费用从财政部门批准的车辆通行费预算中列支外,必须全部用于偿还贷款和有偿集资款,不得挪作他用。"

(8)禁止性规定。禁止性规定在有关的行政法规中较为常见,如《建设工程安全生产管理条例》第四十二条第二款规定:"建设行政主管部门或者其他有关部门对建设工程是否有安全施工措施进行审查时,不得收取费用。"《中华人民共和国工业产品生产许可证管理条例》第六十七条规定:"国务院工业产品生产许可证主管部门和省、自治区、直辖市工业产品生产许可证主管部门办理工业产品生产许可证的收费项目依照国务院财政部门、价格主管部门的有关规定执行,工业产品生产许可证的收费标准依照国务院价格主管部门、财政部门的有关规定执行,并应当公开透明;所收取的费用必须全部上缴国库,不得截留、挪用、私分或者变相私分。财政部门不得以任何形式向其返还或者变相返还所收取的费用。"

（9）减征、免征、缓征规定。一些行政法规规定了行政事业性收费的减征、免征、缓征，如《残疾人就业条例》第十九条第一款规定："国家鼓励扶持残疾人自主择业、自主创业。对残疾人从事个体经营的，应当依法给予税收优惠，有关部门应当在经营场地等方面给予照顾，并按照规定免收管理类、登记类和证照类的行政事业性收费。"《中华人民共和国居民身份证条例实施细则》第四十四条规定："公民第一次领取居民身份证，免交证件工本费。公民申报换领新证，应当缴纳证件工本费。公民丢失居民身份证申报补领新证，缴纳相当于证件工本费二倍的费用。"

（10）关于缴费时间。有的行政法规明确规定了行政管理相对人的缴费日期。如《中华人民共和国专利法实施细则》第八十六条规定："发明专利申请人自申请日起满二年尚未被授予专利权的，自第三年度起每年缴纳申请维持费。第一次申请维持费应当在第三年度的第一个月内缴纳，以后的申请维持费应当在前一年度期满前一个月内预缴。"

（11）关于收费收入的管理。《中华人民共和国居民身份证条列实施细则》第四十五条规定："证件工本费由财政部根据制证成本核定。公民缴纳的证件工本费作为地方预算收入全部上缴国库。"

2. 有关行政事业性收费规定的特点

（1）比较具体的表述方式

大部分行政法规对行政事业性收费的规定比较具体，一般都包含了行政事业性收费的基本要素。如《婚姻登记条例》第三条规定："婚姻登记机关的婚姻登记员应当接受婚姻登记业务培训，经考核合格，方可从事婚姻登记工作。婚姻登记机关办理婚姻登记，除按收费标准向当事人收取工本费外，不得收取其他费用或者附加其他义务。"其中包含了行政事业性收费的主体、项目、收费标准及禁止性规定等基本要素。《中华人民共和国专利法实施细则》第八十二条规定："向专利局申请专利和办理其他手续时，应当按照情况缴纳下列费用：（一）申请费和申请维持费；（二）审查费、复审费和异议费；（三）年费；（四）办理其他专利事务手续费；

专利权期限续展费、著录事项变更费、专利证书费、优先权证明费、无效宣告请求费、强制许可请求费和强制许可使用费的裁决请求费。上述各种费用数额,由专利局另行规定。"第八十三条至第九十条还分别规定了各种费用的缴费方式、逾期未缴纳的补救措施、延期缴纳的滞纳金数额等,较为具体、可操作性也较强。

(2) 比较原则性的表述方式

有些法规对有关行政事业性收费的规定比较原则,包含的行政事业性收费基本要素很少。如2001年修订的《中华人民共和国对外合作开采海洋石油资源条例》第九条规定:"参与合作开采海洋石油资源的中国企业、外国企业,都应当依法纳税,缴纳矿区使用费"。其中只规定了行政事业性收费项目,对其他行政事业性收费的要素未作任何规定。《防治布氏杆菌病暂行办法》第九条规定:"生产队集体畜群要在村外饲养。社员自留畜一定要圈养,做到人畜分居。社员个人不得饲养病畜。工商行政管理部门要加强牲畜交易市场的管理,疫区自留畜及其产品进入集市市场必须有检疫或免疫证明。凡疫区牲畜迁移放牧和进入交易市场无证明者,当地农业(畜牧)部门应给予检疫或免疫并加倍收费。"可以看出,本条针对行政事业性收费的规定只包含了收费主体、收费标准等要素。

(三) 部门规章规定行政事业性收费

部门规章规定行政事业性收费的情况有两种。一是根据行政法规的规定设定行政事业性收费。如《排污费征收使用管理条例》规定,直接排放污染物的单位和个体工商户,应当缴纳排污费。《排污费收费标准管理办法》则具体规定了排污收费的项目、标准及计算方法等。二是直接规定收费项目、标准和收费方法。如《内河航道养护费征收和使用办法》具体规定了航道养护费的收费项目、标准、征收方式等。

(四) 规范性文件规定行政事业性收费

根据初步统计,2010年前有关行政事业性收费的规范性文件共计1431件。如财政部《关于批准收取机动车登记证书工本费和机动车抵押登记费的复函》中规定,各级公安机关交通管理部门的车辆管理所在办理机动车登记时，向机动车所有权人收取机动车登记证书工本费；在办理机动车抵押登记时，向抵押人收取机动车抵押登记费。

（五）地方设立行政事业性收费项目的依据

我们以吉林省的情况来说明各地设立行政事业性收费项目的依据。吉林省行政事业性收费项目的设立主要依据财政部、国家发展改革委发布的《行政事业性收费项目审批管理暂行办法》。行政事业性收费标准的制定主要依据国家发展改革委、财政部发布的《行政事业性收费标准管理暂行办法》，以及国家发展改革委等六部委发布的《收费许可证管理办法》。吉林省还陆续颁布实施了《吉林省规范政府非税收入管理办法》、《吉林省财政票据管理办法》、《吉林省政府非税收入稽查办法》等有关规章。

从吉林省、长春市、白城市提供的行政事业性收费目录来看，工商行政管理系统收取的企业设立及变更登记费、企业年检费所依据的是公司登记条例、企业法人登记管理条例的有关规定。国土资源系统收取的土地登记费、土地闲置费所依据的是土地管理法、《吉林省基本农田保护条例》、《吉林省土地管理条例》的有关规定。国土资源系统收取的黏土资源管理费所依据的是《吉林省河道采砂收费管理实施细则》。其余大部分行政事业性收费项目所依据的是国务院、吉林省政府有关部门制定的规范性文件。

三、行政事业性收费标准的审批制度

目前，中央有关部门和单位（包括中央驻地方单位），以及全国或跨省、自治区、直辖市范围内的行政事业性收费标准，由国务院价格部门、财政部门审批。其中，重要收费项目的收费标准由国务院价格部门、财政部门审核后报请国务院批准。各地的行政事业性收费标准，由省级政府价格部门、财政部门审批，并于批准执行之日起 30 日内报国务院价格部门、财政部门备案。其中，重要收费项目的收费标准由省级价格部门、财政部门审核后报请省级政府批准。

根据《行政事业性收费标准管理暂行办法》的规定，对不同性质的行政事业性收费的收费标准实行分类审核。

1. 行政管理类行政事业性收费的标准,按照行政管理职能的需要审核。

各种证件、牌照、簿卡等证照收费标准,按证照印制、发放的直接成本,即印制费用、运输费用、仓储费用及合理损耗审核。证照印制费用原则上按招标价格确定。全国统一印制、分散发放的证照,应分别制定印制证照和具体发放证照部门的收费标准。

2. 资源补偿类行政事业性收费的标准,参考相关资源的价值或其稀缺性,并考虑可持续发展等因素审核。

对开采利用自然资源造成环境污染或其他环境损害的,审核收费标准时,还应充分考虑环境治理和恢复的相关成本。

3. 鉴定类行政事业性收费的标准,根据行政管理职能的需要,按照鉴定的实际成本审核。

4. 考试类行政事业性收费的标准,按照组织报名考试的成本审核。

在全国范围内统一组织的考试,应分别制定中央有关单位向各地考试机构收取的考务费收费标准和各地考试机构向考生收取的考试费收费标准。

5. 培训类行政事业性收费的标准按照培训的社会平均成本审核。

首先,根据培训的门类、科目、等级核定培训课时的分类收费标准;其次,按照培训课时的设置情况,分别审核具体的收费标准。

6. 其他类别的收费标准,根据管理或服务需要,按照成本补偿和非营利原则审核。

四、行政事业性收费的申请程序

行政事业性收费的申请程序是规范行政事业性收费行为,防止滥用权力的重要环节。

(一) 申请行政事业性收费项目的程序

根据财政部、国家发展改革委公布施行的《行政事业性收费项目审批

第三章 我国现行行政事业性收费制度的基本内容及其主要问题

管理暂行办法》的规定,申请行政事业性收费项目的具体程序为:除法律、行政法规和国务院另有规定外,中央国家机关、事业单位、代行政府职能的社会团体及其他组织(包括中央驻地方单位)申请设立行政事业性收费项目,应当向财政部、国家发展改革委提出书面申请,由财政部、国家发展改革委审批。

中央单位申请在全国范围内实施的资源类收费,在全国范围内实施的公共事业类收费,对国民经济和社会发展具有较大影响的收费,属于重要收费项目,应当向财政部、国家发展改革委提出书面申请,由财政部、国家发展改革委审核后报国务院批准。

省级国家机关、事业单位、代行政府职能的社会团体及其他组织,省以下国家机关、事业单位、代行政府职能的社会团体及其他组织,申请设立一般收费项目,应当向省、自治区、直辖市财政、价格主管部门提出书面申请,由省级财政、价格主管部门审批。省级单位、省以下单位申请设立重要收费项目,应当向省级财政、价格主管部门提出书面申请,由省级财政、价格主管部门审核后报省级政府批准。地方重要收费项目的范围由省级财政、价格主管部门确定。

省级单位、省以下单位申请设立专门面向企业的收费项目,应当向省级财政、价格主管部门提出书面申请,经省级财政、价格主管部门审核后报省级政府审批,省级政府在审批之前应当征得财政部和国家发展改革委的同意。省级政府及其财政、价格主管部门批准设立的收费项目,应当于批准之日起30日内报财政部和国家发展改革委备案。

除法律、行政法规另有规定外,省级单位、省以下单位设立的在全国范围内实施的考试收费,证照收费,注册、登记等管理性收费,检验检测收费等应当通过本系统或行业的中央主管部门统一向财政部、国家发展改革委提出书面申请,由财政部、国家发展改革委审批。省级政府及其财政、价格主管部门无权审批在全国范围内实施的收费以及中央单位的收费项目。

财政部、国家发展改革委或省级财政、价格主管部门收到设立行政事业性收费项目的申请文件后,应当对申请文件的形式及其包括的内容进行初步审查,对符合规定的,应当予以受理,对不符合规定的,应当及时通知申请单位对申请文件作出相应修改或补充相关资料;在正式受理申请文件后,应当对收费项目是否符合法律、行政法规或地方性法规规定等内容进行审查,对申请设立收费项目的有关情况进行调查,通过召开座谈会、论证会、书面征求意见等形式,广泛听取行政管理相对人和其他相关部门或单位的意见。自受理申请文件之日起60个工作日内,会同有关部门作出审批或审核收费项目的书面决定。由于客观原因未能在规定时间内作出上述决定的,应当向申请单位说明具体理由。

(二) 申请行政事业性收费标准的程序

根据国务院《关于加强预算外资金管理的决定》,中共中央、国务院《关于治理向企业乱收费、乱罚款和各种摊派等问题的决定》和《行政事业性收费标准管理暂行办法》的规定,申请行政事业性收费标准的具体程序为:除法律法规和省级以上人民政府另有规定外,制定或调整行政事业性收费标准,由收费单位按规定的管理权限,向国务院价格、财政部门或省级政府价格、财政部门提出书面申请。国务院价格、财政部门负责审批的收费标准,应统一归口由中央有关部门、省级政府或其价格、财政部门提出书面申请,并以公文形式报国务院价格、财政部门。

省级政府价格、财政部门负责审批的行政事业性收费标准,应由省级政府有关部门、地市级人民政府或其价格、财政部门向省级政府价格、财政部门提出书面申请。价格、财政部门收到申请后,应对申请材料的形式及内容进行初步审查。对符合规定的,应予以受理;对不符合规定的,应及时通知申请单位对申请材料作出修改或补充。对不予受理的申请,应在接到申请之日起15个工作日内正式通知申请单位,并说明理由。价格、财政部门在受理收费标准申请后,应根据不同情况,在规定时限内作出决定。对不需要召开座谈会、论证会、听证会的收费标准,应在60个工作日内作出审批决定;对需要召开座谈会、论证会的收费标准,应在90个工作日内作出审批决定;对需要召开听证会的收费标准,根据听证的有关程序和时限作出审批决定。对在规定时限内不能按时作出决定的收费标准，应及时向申请人作出书面说明。

审批行政事业性收费标准的书面决定，以价格、财政部门的公文形式发布。新制定的收费标准，应规定试行期限。试行期满后，收费单位应按规定权限和程序重新申报；价格、财政部门根据试行情况和相关规定重新制定收费标准。

（三）地方行政事业性收费的申请程序

我们以吉林省的有关情况来说明各地行政事业性收费的审批核准制度。

吉林省的行政事业性收费实行中央和省级政府两级审批。中央驻吉林省单位的行政事业性收费项目，由财政部、国家发展改革委审批。吉林省一般收费项目的设立，由吉林省财政厅会同物价局审批；收费标准的制定，由吉林省物价局会同财政厅审批。重要收费项目由吉林省财政厅会同物价局审核后报省政府批准。省级以下政府无权决定行政事业性收费事项。

申请行政事业性收费项目的具体程序为：吉林省国家机关、事业单位、代行政府职能的社会团体及其他组织，省以下国家机关、事业单位、代行政府职能的社会团体及其他组织，申请设立一般收费项目，向吉林省财政厅、物价局提出书面申请，由吉林省财政厅、物价局审批。省级单位、省以下单位申请设立重要收费项目，向吉林省财政厅、物价局提出书面申请，由吉林省财政厅、物价局审核后报省政府批准。省级单位、省以下单位申请设立专门面向企业的收费项目，向吉林省财政厅、物价局提出书面申请，经吉林省财政厅、物价局审核后报省政府审批。

申请行政事业性收费标准的具体程序为：由省政府有关部门、地市级人民政府或其价格、财政部门向吉林省物价局、财政厅提出书面申请。吉林省物价局、财政厅负责审批。

五、行政事业性收费的目录制度

行政事业性收费的目录制度，即行政事业性收费的监督部门将现有各项行政事业性收费按一定格式汇编成册，向社会公布，接受公民和组织监督的制度。该目录由省级物价部门制定，内容包括行政事业性收费的名称、收费机关（负责人）、收费许可证编号、收费事项、收费标准等。

六、行政事业性收费许可证制度

行政事业性收费许可证制度，是指物价部门通过核发行政事业性收费许可证，对收费主体和事项等进行控制和监督的制度。行政事业性收费许可证是行政机关合法收费的唯一凭证。凡有行政事业性收费项目的行政机关或其他组织，应申领行政事业性收费许可证，并据此收费，无收费许可证而实施的收费，任何个人或组织均有权拒绝。

国务院《关于加强物价管理保持物价基本稳定的通知》中提出，为了有效制止乱收费、保护合法收费，我国开始实施收费许可证制度。行政机关、具有管理公共事务职能的组织收取行政事业性收费，应按有关规定到指定价格主管部门办理收费许可证。除法律、法规和省级以上人民政府另有规定外，凡不符合规定的，不得办理收费许可证。

核发收费许可证应以按规定权限、程序批准的有效文件为依据。对符合条件的，要按照规定的时限及时办结审核手续并发证；对不符合条件的，要及时说明不予核发的理由。收费许可证由国务院价格主管部门负责统一制定样式，中央和省级政府两级价格主管部门印制，各级价格主管部门分别核发。具有法人资格、财务独立核算、直接实施收费的单位为基本领证单位。有直接收费行为，但不具有法人资格、不实行独立财务核算的单位的收费点，由符合规定的领证单位统一申请办理收费许可证副本。该许可证应载明：收费机关、法定代表人姓名、机关地址、收费负责人姓名、收费项目名称、收费范围及标准、许可证编号、核发机关名称，许可证有效期限及核发日期。

七、专用票据制度

除中央和地方管理的专项资金和集资性收费外,其他行政事业性收费一律使用财政专用收据,采用专用收据套印财政部门的收费收据监制章。

八、行政事业性收费实行预算管理制度

行政事业性收费制度实行以来,各级财政部门加强对行政事业性收费的财务管理,收费资金原则上实行收支两条线。收支两条线是指各种行政事业性收费,作为国家财政收入,逐步纳入预算管理。所收款项,除国家另有规定的外,根据执收部门的行政隶属关系,分别作为本级财政的预算收入,上缴同级国库;尚未纳入预算内管理的行政事业性收费,则执行预算外资金管理办法,实行财政专户储存,收入上缴财政部门在银行开设的预算外资金专户。任何部门不得截留、坐支。支出由用款单位编制计划,财政部门根据各单位履行职能的需要,按标准核定并拨付支出,不得与征收机构的收入挂钩。

第二节 我国行政事业性收费制度存在的主要问题

行政事业性收费对我国经济建设和社会事业的发展起到了一定的促进作用。但我国行政事业性收费制度在实施过程中也日益明显地暴露出一系列突出问题,需要我们在完善有关法律制度的过程中研究解决。

一、行政事业性收费项目过多、总量过大、种类繁多

为了方便说明问题,我们对财政部和国家发展改革委印发的《2011年全国性及中央部门和单位行政事业性收费项目目录》(以下简称《收费目录》)做了分类,见表3-1。

表3-1　2011年全国性及中央部门和单位行政事业性收费分类表

项目类别	序号	项目名称	征收部门	征收主体类别
一、证书工本类	1	签证费	外交	国务院机构
	2	外国人签证费	公安	国务院机构
	3	船舶证明签证费	交通	国务院机构
	4	入境签证费	旅游	国务院机构
	5	证照费	公安	国务院机构
			商务	国务院机构
			税务	国务院机构
			旅游	国务院机构
			贸促会	人民团体
	6	护照费	外交	国务院机构
	7	组织机构代码证书收费	质检	国务院机构
	8	涉外、涉港澳台公证书工本费	司法	国务院机构
	9	收费票据工本费	财政	国务院机构
	10	进网许可证标志工本费	工业和信息化	国务院机构
	11	林权证工本费	林业	国务院机构
	12	往来香港澳门特别行政区通行证工本费及签注费	港澳办	国务院机构
	13	派驻香港澳门身份证工本费	港澳办	国务院机构
	14	往来港澳小型船舶查验簿收费	公安	国务院机构
	15	工业产品生产许可证收费（含审查费）	质检	国务院机构
	16	音像制品防伪标识费	文化	国务院机构
	17	资料工本费	监察	事业单位
	18	保密证表包装材料费	保密	国务院机构

第三章 我国现行行政事业性收费制度的基本内容及其主要问题

续表

项目类别	序号	项目名称	征收部门	征收主体类别
二、注册登记类	1	登记费	食品药品监督	国务院机构
	2	婚姻登记费	民政	国务院机构
	3	收养登记费	民政	国务院机构
	4	石油（天然气）勘查、开采登记费（包括证书费）	国土资源	国务院机构
	5	矿产资源勘查登记费	国土资源	国务院机构
	6	采矿登记收费	国土资源	国务院机构
	7	土地登记费	国土资源	国务院机构
	8	房屋所有权登记费	住房和城乡建设	国务院机构
	9	船舶登记费	交通	国务院机构
	10	农药登记费	农业	国务院机构
	11	已生产兽药品种注册登记费	农业	国务院机构
	12	渔业船舶登记或变更登记费	农业	国务院机构
	13	机动车抵押登记费	公安	国务院机构
	14	进口废物环境保护审查登记费	环保	国务院机构
	15	化学品进口登记费	环保	国务院机构
	16	民用航空器国籍登记费	民航	国务院机构
	17	民用航空器权利登记费	民航	国务院机构
	18	已生产药品登记费	食品药品监督	国务院机构
	19	计算机软件著作权登记费	新闻出版	国务院机构
	20	外国团体来华登山注册费	体育	国务院机构
	21	运动员或运动团体注册费	体育	国务院机构
	22	商标注册收费	工商	国务院机构
	23	运动马匹注册费	体育	社会团体
	24	企业注册登记费	工商	国务院机构
	25	个体工商户注册登记费	工商	国务院机构
	26	俱乐部运动员转会手续费	体育	社会团体
	27	知识产权海关保护备案费	海关	国务院机构
	28	林权勘测费	林业	国务院机构

续表

项目类别	序号	项目名称	征收部门	征收主体类别
三、检查类	1	机动车安全技术检验费	公安	国务院机构
	2	船舶及船用产品设施检验费	交通	国务院机构
	3	渔业船舶和船用产品检验费	农业	国务院机构
	4	药品检验费	食品药品监督	国务院机构
	5	医疗器械、制药机械检验费	食品药品监督	国务院机构
	6	烟草制品及原辅材料检验费	烟草	国务院机构
	7	测绘产品质量监督检验费	测绘	国务院机构
	8	卫生质量检验费	卫生	国务院机构
	9	实验室检验项目、鉴定收费	质检	国务院机构
	10	产品质量监督检验（含核发工业产品生产许可证的产品质量检验）费	质检	国务院机构
	11	特种设备检验检测收费	质检	国务院机构
	12	检验检测费	农业	国务院机构
	13	无线电设备检测费	工业和信息化	国务院机构
	14	测绘仪器检测收费	测绘	国务院机构
	15	兴奋剂检测费	体育	事业单位
	16	畜禽及畜禽产品检疫费	农业	国务院机构
	17	国内植物检疫费	农业	国务院机构
	18	森林植物检疫费	林业	国务院机构
	19	出入境检验检疫收费	质检	国务院机构
	20	检疫处理等业务收费（限于出入境检验检疫机构收取）	质检	国务院机构
	21	菲律宾船员检查费	公安	国务院机构
	22	船舶申请安全检查复查费	交通	国务院机构
	23	口岸以外边防检查监护费	公安	国务院机构
	24	油污水化验费	交通	国务院机构
	25	农机监理费（含"九二"式拖拉机牌证费）	农业	国务院机构
	26	农业转基因生物安全评价费	农业	国务院机构
	27	计量收费	质检	国务院机构
	28	农药实验费	农业	国务院机构

第三章 我国现行行政事业性收费制度的基本内容及其主要问题

续表

项目类别	序号	项目名称	征收部门	征收主体类别
四、审批类	1	新兽药审批费	农业	国务院机构
	2	《进口兽药许可证》审批费	农业	国务院机构
	3	《兽药典》、《兽药规范》和兽药专业标准收载品种生产审批费	农业	国务院机构
	4	生产药典、标准品种审批费	食品药品监督	国务院机构
	5	新药审批费	食品药品监督	国务院机构
	6	进口药品注册审批费	食品药品监督	国务院机构
	7	进口兽药注册登记审批、发证收费	农业	国务院机构
	8	专利收费	知识产权	国务院机构
	9	中国国籍申请手续费（含证书费）	公安	国务院机构
	10	外国律师事务所办事处申请手续费	司法	国务院机构
	11	ATA单证册调整费	海关	国务院机构
五、资格认证类	1	非刑事案件财物价格鉴定费	发展改革	国务院机构
	2	职业技能鉴定费	人力资源和社会保障	国务院机构
	3	城市房屋安全鉴定费	住房和城乡建设	国务院机构
	4	设备监理单位资格评审费	质检	国务院机构
	5	核安全技术审评费	环保	国务院机构
	6	新药开发评审费	食品药品监督	国务院机构
	7	认证费	外交	国务院机构
			贸促会	人民团体
	8	GMP认证费	食品药品监督	国务院机构
	9	GSP认证费	食品药品监督	国务院机构
	10	清真食品认证费	宗教	国务院机构
	11	段位考评认定费	体育	社会团体
	12	车手等级认定费	体育	社会团体
	13	中小学阅读图书评审费	教育	事业单位
	14	适航审查费	民航	国务院机构

续表

项目类别	序号	项目名称	征收部门	征收主体类别
六、监督类管理类	1	征（土）地管理费	国土资源	国务院机构
	2	河道采砂管理费	水利	国务院机构
	3	河道工程修建维护管理费	水利	国务院机构
	4	野生动植物进出口管理费	林业	国务院机构
	5	机构监管费	银监会	国务院机构
	6	业务监管费	银监会	国务院机构
	7	证券市场监管费	证监会	国务院机构
	8	期货市场监管费	证监会	国务院机构
	9	保险业务监管费	保监会	国务院机构
	10	外国律师事务所办事处年检费	司法	国务院机构
	11	海关监管手续费	海关	国务院机构
	12	档案收费	档案	国务院机构
	13	卫生监测费	卫生	国务院机构
	14	施封锁成本费	海关	国务院机构
	15	船舶港务费	交通	国务院机构
七、考试考务类	1	考试考务费	司法	国务院机构
			财政	国务院机构
			人力资源和社会保障	国务院机构
			国土资源	国务院机构
			住房和城乡建设	国务院机构
			铁道	国务院机构
			交通	国务院机构
			工业和信息化	国务院机构
			农业	国务院机构
			卫生	国务院机构
			审计	国务院机构
			国资委	国务院机构
			质检	国务院机构
			环保	国务院机构

第三章　我国现行行政事业性收费制度的基本内容及其主要问题

续表

项目类别	序号	项目名称	征收部门	征收主体类别
七、考试考务类	1	考试考务费	广播电影电视	国务院机构
			统计	国务院机构
			旅游	国务院机构
			国管局	国务院机构
			保监会	国务院机构
			外专局	国务院机构
			外文局	国务院机构
			体育	事业单位
			教育	事业单位
	2	注册土木工程师（水利水电工程）执业资格专业考试考务费	水利	国务院机构
	3	摄影师预备资格考试费	文化	国务院机构
	4	报关员资格考试费	海关	国务院机构
	5	民航从业人员考试费	民航	国务院机构
	6	专利代理人资格考试费	知识产权	国务院机构
	7	证券、期货从业人员资格报名考试费	证监会	国务院机构
	8	驾驶许可考试费	公安	国务院机构
	9	会计从业资格考试费	中直管理局（含团中央）	中央有关单位
八、教育培训类	1	学费	民政	事业单位
	2	普通高中学费	教育	事业单位
	3	中等职业学校学费	教育	事业单位
	4	高等学校学费	教育	事业单位
	5	中央广播电视大学中专学费	教育	事业单位
	6	函授学院办学收费	中央党校	中央有关单位
	7	研究生收费	中央党校	中央有关单位
	8	培训费	监察	事业单位
	9	函大、电大、夜大及短训班培训费	教育	事业单位

续表

项目类别	序号	项目名称	征收部门	征收主体类别
八、教育培训类	10	电子工程概预算人员培训费	工业和信息化	事业单位
	11	中央团校培训收费	中直管理局（含团中央）	事业单位
	12	统计人员岗位培训费	统计	事业单位
	13	短期培训进修费	中央党校	中央有关单位
	14	工人培训考核费	中直管理局（含团中央）	中央有关单位
	15	培训业务收费	法院	司法机关
	16	高等学校委托培养费	教育	事业单位
	17	农科院研究生院研究生培养费	农业	事业单位
	18	住宿费	监察	事业单位
			民政	事业单位
	19	普通高中住宿费	教育	事业单位
	20	中等职业学校住宿费	教育	事业单位
	21	高等学校住宿费	教育	事业单位
九、公共卫生类	1	预防性体检费	卫生	事业单位
	2	药品行政保护费	食品药品监督	国务院机构
	3	中药品种保护费	食品药品监督	国务院机构
	4	医疗事故鉴定费	卫生	事业单位
	5	预防接种异常反应鉴定费	卫生	事业单位
	6	预防接种劳务费	卫生	事业单位
	7	委托性卫生防疫服务费	卫生	事业单位
	8	疫情处理费	卫生	事业单位
	9	造血干细胞配型费	红十字会	社会团体
十、自然资源保护类	1	渔业资源增殖保护费	农业	国务院机构
	2	水生野生动物资源保护费	农业	国务院机构
	3	陆生野生动物资源保护管理费	林业	国务院机构
十一、环境保护类	1	水土流失防治费	水利	国务院机构
	2	绿化费	林业	国务院机构
	3	排污收费	环保	国务院机构

第三章 我国现行行政事业性收费制度的基本内容及其主要问题

续表

项目类别	序号	项目名称	征收部门	征收主体类别
十一、环境保护类	4	海洋工程污水排污费	海洋	国务院机构
	5	城市污水处理费（限于事业单位）	住房和城乡建设	国务院机构
	6	浮油回收费	交通	国务院机构
	7	草原植被恢复费	农业	国务院机构
	8	城市放射性废物送贮费	环保	国务院机构
	9	环境监测服务费	环保	国务院机构
	10	海洋废弃物收费	海洋	国务院机构
十二、资源补偿类	1	水资源费	水利	国务院机构
	2	长江河道砂石资源费	水利	国务院机构
	3	水土保持设施补偿费	水利	国务院机构
	4	占用农业灌溉水源及设施补偿费	水利	国务院机构
	5	航空业务权补偿费	民航	国务院机构
	6	林地补偿费	林业	国务院机构
	7	无线电频率占用费	工业和信息化	国务院机构
	8	电信网码号资源占用费	工业和信息化	国务院机构
	9	卫星转发器信道费	工业和信息化	国务院机构
	10	土地复垦费	国土资源	国务院机构
	11	土地闲置费	国土资源	国务院机构
	12	耕地开垦费	国土资源	国务院机构
	13	矿产资源补偿费	国土资源	国务院机构
	14	车辆通行费（限于政府还贷）	交通	国务院机构
	15	海岸电台无线电电报电话费（含船舶电信业务岸台费）	交通	国务院机构
	16	城市排水设施有偿使用费	住房和城乡建设	国务院机构
	17	城市道路占用挖掘费	住房和城乡建设	国务院机构
	18	防空地下室易地建设费	人防办	国务院机构
十三、知识产权保护类	1	集成电路布图设计保护收费	知识产权	国务院机构
	2	植物新品种保护权收费	农业	国务院机构
			林业	国务院机构

续表

项目类别	序号	项目名称	征收部门	征收主体类别
十四、人事管理类	1	保存人事关系及档案收费	人力资源和社会保障	国务院机构
	2	保存人事关系档案收费	住房和城乡建设	国务院机构
	3	人力资源开发中心收费	农业	事业单位
十五、公共信息类	1	地质成果资料费	国土资源	国务院机构
	2	测绘成果成图资料收费	测绘	国务院机构
	3	科学技术档案信息资源收费	档案	国务院机构
	4	政府信息公开收费	各有关部门	国务院机构
十六、其他	1	比赛报名费	体育	国务院机构
	2	公证费（限于行政机关）	司法	国务院机构
	3	社会抚养费	人口计划生育	国务院机构
	4	进口货物滞报金	海关	国务院机构
	5	货物行李物品保管费	海关	国务院机构
	6	白蚁防治费	住房和城乡建设	国务院机构
	7	滞纳金	质检	国务院机构
	8	代发电报收费	外交	国务院机构
	9	驻外使领馆公证翻译费	外交	国务院机构
	10	特种船舶和水上水下工程护航费	交通	国务院机构
	11	长江干线船舶引航收费	交通	国务院机构
	12	殡葬收费	民政	事业单位
	13	海事调解费	交通	国务院机构
			农业	国务院机构
	14	机要交通文件（物件）传递费	中直管理局（含团中央）	中央有关单位
	15	诉讼费	法院	司法机关
	16	涉外（台）经济贸易争议调解费	贸促会	人民团体
	17	仲裁收费	仲裁委	社会团体

第三章 我国现行行政事业性收费制度的基本内容及其主要问题

从表3-1中，不难看出全国性及中央部门和单位行政事业性收费项目的基本情况。

地方的行政事业性收费项目也大体相当。以吉林省为例，2010年，吉林省及下辖长春市、白城市、九台市、通榆县等地的行政事业性收费项目均为168项。白山市的行政事业性收费项目共计76项。2010年，吉林省行政事业性收费收入占全省同期财政收入（包括税收收入和一般预算非税收入）的10.7%；长春市行政事业性收费收入占全市同期财政收入的9.03%；白城市行政事业性收费收入占全市财政收入的33.2%。

根据这些行政事业性收费项目的不同性质、功能、适用条件，可以将它们分为以下几类：（1）注册登记类收费，如婚姻登记费、商标注册收费、签证费、组织机构代码证书收费等。（2）资格认证审批类收费，如职业技能鉴定费、GMP认证费、新药审批费、专利收费等。（3）监督管理类收费，如保险业务监管费、卫生监测费、机动车安全技术检验费、船舶申请安全检查复查费等。（4）培训考试类收费，如中央团校培训收费、专利代理人资格考试费、会计从业资格考试费等。（5）公共服务类收费，如预防性体检费、疫情处理费、集成电路布图设计保护收费、植物新品种保护权收费、保存人事关系及档案收费、地质成果资料费等。（6）资源保护补偿类收费，如渔业资源增殖保护费、水土流失防治费、绿化费等。（7）司法准司法类收费，如诉讼费、海事调解费、涉外（台）经济贸易争议调解费、仲裁收费等。

还有一种倾向值得人们高度重视，那就是一些无权设定行政事业性收费的部门或地方出于本部门或地方利益的考虑，擅自设立收费项目。这一现象在20世纪80年代末至90年代中期大量存在，是当时乱收费问题的主要形式。经过多年的清理和整顿，现今已大为减少。目前比较普遍的是在已有行政事业性收费项目下，擅自设立二级收费项目。如某市环境监测站在收取"环境监测费"的同时，还在该项目下擅自增设了"环境监测报告撰写费"。有关部门已经采取了一系列措施治理乱收费问题，但还没有建立起统一的行政事业性收费清理制度，在实际工作中存在着以下几个问题：一是有些行政审批事项已被国家取消或者收费依据已被废止，但行政事业性收费项目却仍在执行；二是本身无法律依据的行政许可类收费仍在执行；三是应由财政保障的行政经费，仍依靠向行政管理相对人征收管理类收费来提供。

二、收费主体庞杂

目前，经法定授权实施行政事业性收费的主体既有行政机关，也有党的组织、法院、社会团体以及各自的委托机构，比较庞杂。还有一些在缺乏法律依据的前提下实施行政事业性收费的主体，如行政性公司，即虽然挂着公司牌子，实际上全部或部分行使着行政管理职能的政企合一的组织；被授权行使一定行政管理职能的事业单位、企业单位和社会团体以及群众性自治组织等。

2010年，中央一级收费主体共有56个部门，主要包括外交部、国家发展改革委等50个国务院机构，中直管理局（含团中央）、中央党校等2个中央有关单位，法院，仲裁委，贸促会、红十字会等2个社会团体。地方一级的收费主体也大体相当，如吉林省级共56个部门，主要包括国土资源、建设等52个政府机构，以及法院、党校、贸促会、仲裁委；长春市级的收费主体共40个部门；白城市级的收费主体共19个部门；白山市级的收费主体共20个部门；九台市级的收费主体共18个部门；通榆县级的收费主体共21个部门。

三、收费标准不统一

目前，行政事业性收费主要由各级价格主管部门通过审批的方式确定。虽然《行政事业性收费标准管理暂行办法》规定了收费标准的申请和受理、收费标准审批的原则和程序、收费标准的公布和管理等事项，但是行政事业性收费标准不统一的问题仍然比较突出。

（一）行政法规、部门规章规定行政事业性收费标准的情况

一些有关行政事业性收费的行政法规和部门规章中，明确规定了行政

第三章 我国现行行政事业性收费制度的基本内容及其主要问题

事业性收费的标准。如《国务院关于鼓励外商投资的规定》第四条规定："产品出口企业和先进技术企业的场地使用费，除大城市市区繁华地段外，按下列标准计收：一、开发费和使用费综合计收的地区，为每年每平方米五元至二十元；二、开发费一次性计收或者上述企业自行开发场地的地区，使用费最高为每年每平方米三元。前款规定的费用，地方人民政府可以酌情在一定期限内免收。"而大部分行政法规没有明确规定行政事业性收费的标准。

（二）规范性文件规定行政事业性收费标准的情况

在有关的规范性文件中，对收费标准的规定，大致有三种类型：一是规定数额。如国家发展改革委、财政部《关于加强和规范机动车牌证工本费等收费标准管理有关问题的通知》（发改价格〔2004〕2831号）规定，机动车牌证工本费依法实行全国统一的收费标准。公安机关交通管理部门对汽车、三轮汽车（原三轮农用运输车）、低速货车（原四轮农用运输车）、摩托车，农业（农业机械）主管部门对拖拉机发放号牌时收取号牌工本费、临时号牌工本费的收费标准为：（1）汽车反光号牌每副100元、不反光号牌每副80元；（2）挂车反光号牌每面50元、不反光号牌每面30元；（3）三轮汽车、低速货车、拖拉机反光号牌每副40元、不反光号牌每副25元；（4）摩托车反光号牌每副70元、不反光号牌每副50元；（5）机动车临时号牌每张5元。上述号牌工本费标准均包括号牌专用固封装置（压有发牌机关代号）及号牌安装费用。二是规定比例。如国家发展改革委、财政部《关于重新发布银监会行政事业性收费标准及有关问题的通知》（发改价格〔2010〕2095号）规定，机构监管费＝上年末实收资本×0.05%×风险调整系数。业务监管费＝（上年末资产总额－上年末实收资本）×分档费率×风险调整系数－境外分支机构在所在国家缴纳的监管费。三是既规定数额，又规定比例。如国家发展改革委、财政部《关于调整进口原油出入境检验检疫收费标准的通知》（发改价格〔2010〕134号）规定，货物检验检疫费按每吨0.1元收取，同批货物检验检疫费超过5000元的，超过部分按80%计收。

由此可见，有关行政事业性收费标准的现行规定有些比较具体，可以向社会公布，并作为收取行政事业性收费的依据，如国家发展改革委、财政部《关于调整进口原油出入境检验检疫收费标准的通知》规定："货物检验检疫费按每吨0.1元收取，同批货物检验检疫费超过5000元的，超过部分按80%计收"。有些则不够明确，或者只规定了一个最高限额，具体的收费标准还要经下级机关确定。这些决定本身只限于本行政机关系统内部周转，不向社会公布，也不能作为收取行政事业性收费的依据。

（三）地方行政事业性收费标准的核定情况

从各地的情况看，一些行政事业性收费标准的自由裁量空间比较大，差异性也很大。同一个收费项目，在不同地区的收费标准不一样，对不同的收费对象不一样。对同一收费对象每年的收费标准也不一样，收多收少全凭收费人员自主决定。一些企业代表反映，一些地方政府在收取建设项目的水资源费时，不是按量计算，而是由征收机构与施工单位双方议定。这些做法不仅不利于廉政建设，容易滋生腐败，也给公民、法人和其他社会组织的生活、生产造成很大困扰，影响了法律的严肃性和公正性。

一些收费单位为增加收费，往往不经价格部门批准擅自提高行政事业性收费标准。简单地提高收费标准的做法主要存在于乱收费的初期，现在则更多采用一些隐蔽性较强的、变相提高收费标准的方式。如按照规定，小车公路养路费为100元/每车每月，但一次性缴交12个月的，可以按10个月的数额即1200元缴交。而在实际工作中，有些收费单位对一次性缴交12个月的车主不执行优惠政策。

考虑到上述情况，我们建议不同类型的行政事业性收费，应由不同效力等级的立法来规定收费标准。同时加大对未按规定时限移送行政收费标准核定机构，超过行政收费标准核定时限未告知申请人并说明理由，核定的行政收费标准明显高于实际成本，未公布或者未及时更新行政收费标准目录，未及时通知减征、免征、缓征行政收费，不执行或者擅自提高行政收费标准等行为的处罚力度。

四、收费行为不规范

从现有情况分析,行政事业性收费比较混乱的现象可以归纳为如下几种类型。

(一)扩大范围收费

每一项行政事业性收费都会有特定的收费对象,有的非常明确,不易产生误解,如护照工本费等。有的则比较模糊,或者有特殊规定,如毕业证书工本费等。按照规定,毕业证书工本费是教育部门向学校收取的,学校不得再向学生收取,否则,就是扩大范围收费。而有些学校常常向领取毕业证的学生收取该费用。

(二)重复收费

重复收费,即违反规定就同一事项重复收取费用或者同时收取两项以上的费用。如劳动部门在收取劳动鉴定费外又收取合同手册费,环保部门对已缴纳污水处理费的单位另行征收排污费等。

(三)行政事业性收费的审批管理不严,擅自决定或者增加收费事项

在一些地方还存在市、县政府违法审批行政事业性收费的行为,特别是近年来一些地方越权批费、年审不严等问题时有发生。例如,有些市、县在限制审批行政事业性收费后,改以经营服务性收费的名义审批收费项目。根据现行规定,价格主管部门、财政部门一般只规定行政事业性收费的项目和标准,其他有关业务部门规定收费事项。而有些部门则随意性较大,如一些地方的强制性检验检测机关擅自增加检测检验项目并收费。车辆管理部门在为车主上车牌时,要求车主缴纳"喷字费"等。

(四)只收费不服务或强制服务并收费

有些主管部门收费后不为行政管理相对人提供相应的服务,如一些地方的疾病控制机构向餐饮企业收取卫生监测费后却不对交费企业的卫生状况进行检测。有些主管部门强制要求行政管理相对人接受指定的服务并收费,如一些地方的公安机关强制要求参加年检的车辆接受车辆检测线检测并收取相应检测费。

在一些地方，本来应由中介机构或企业通过自愿有偿服务收取的费用，也由政府某些部门收费。很多中介机构是按主管部门的行政隶属关系设置的，其工作范围也多为行政机关的职责，许多收费不是因参与市场竞争按照自愿原则收取的，而是借助行政机关的权力，强行要求企业或群众接受其收费。不少企业反映，一项检测费本来可以到质检部门直接交，但是直接交质检部门反而不受理，只有向中介机构缴纳了中介费后，再由中介机构到行政机关才能办理。此类情况在其他地区也有发生。

（五）借壳收费

有些主管机关把一部分行政职能委托给中介组织或者企业去行使，再通过这些受委托机构变相强制收费。他们在办理行政审批时，以申请材料专业性强为由，要求申请人将申请材料交给其下属的事业单位或企业去审核、指导，并收取相应的"服务费"。

（六）利用行政职权以押金、保证金、集资等形式变相收费

一些行政主管机关设立各种名目，向行政管理相对人收取押金、保证金、集资款等，再设定严格的退款条件，使缴款人难以满足条件获得退款，甚至在收款后长期占用这些款项，达到变相收费的效果。

（七）不按规定程序收费

这类问题主要表现在无证收费、不使用规定的票据或擅自扩大票据适用范围等行为。

有些单位未申领收费许可证或者使用未经年审的收费许可证收费。有些单位不履行法定程序，收人情费。有些行政主管机关收费后，不使用财政部门统一制发的收费票据，而使用税务发票，甚至在公民、法人和其他社会组织要求出具收费票据后，就多收费。有些机关则在收取经营服务性收费时开具"行政事业性收费专用票据"以达到偷逃税款的目的。不少地方的企业代表反映，一些地方政府在收取建设项目的水资源费时，不是按量计算，而是由征收机构与施工单位双方议定。有些个体业户反映，装修一个100平方米的门市房要经过4项行政审批，交纳了3万元左右的费用，

还不给票据。如果要票据就多收费。设立一个3米长的广告牌要交4800元费用，还能讲价。

有的县级交通部门在收取公路养路费时，要求公民、法人和其他社会组织先与保险公司办理商业保险业务。这些做法不仅不利于廉政建设，容易滋生腐败，也严重影响了公民、法人和其他社会组织的生活、生产，损害了法律的严肃性和公正性。

（八）行政收费程序不够规范透明

根据有关部门对行政事业性收费情况的问卷调查结果，一些地方行政事业性收费行为和过程不透明。大多数行政事业性收费的相对人不了解收费项目、收费标准、收费主体、收费依据、收费范围和收费对象等事项。

一些地方在行政事业性收费的程序上还存在着不规范、程序不完备甚至违法等问题，如对车辆购买者不交齐费用就拒绝发牌证，对土地承包户不交齐费用就撤销承包合同，交不起各种费用就赶猪、牵羊、扒墙、拆房等。

（九）对行政收费的监督不够

长期以来，国家没有统一的行政事业性收费立法，弱化了对行政事业性收费的监督检查，导致许多行政事业性收费成为一些行政机关或者个人谋求自身福利最大化的工具，也造成了社会分配的不公正。同时，发现违规收费行为或者违法收费行为，处罚力度也不强，往往是"一退款，二上交，三默认"。

五、收费收入管理混乱

在法治发达的国家，行政收费的收入大多纳入政府的预算管理，成为政府直接支配的收入。而在我国，大量行政事业性收费的收入游离于政府预算管理之外，成为体制外资金，导致资金使用权的滥用和财改性资金使用的低效，形成管理上的"黑洞"和"盲区"。从目前掌握的情况看，在很多地区特别是经济落后地区，行政事业性收费往往与收费单位的利益直接挂钩，因此无论是行政机关，还是事业单位都有一种本能的收费冲动。

行政事业性收费管理也往往是"前门把紧,后门敞开",成为驱动收费行为的经济因素。

国务院发布施行《违反行政事业性收费和罚没收入收支两条线管理规定行政处分暂行规定》后,一些地方、一些单位仍不按时将行政事业性收费收入上缴财政,而是当作本部门的"小金库",相当一部分资金用于请客送礼、滥发钱物,有的甚至被贪污私分。有的单位将行政事业性收费收入上缴财政后,又通过各种途径申请财政返还。一些地方的经济基础较为薄弱,在无法"节支"的情况下,增加行政事业性收费就成为税收的重要补充,出现"财政经费不足收费补"的现象。

六、有关行政事业性收费的统计数据不够科学准确

目前,我国各级政府财政收入主要包括税收收入和非税收入。而非税收入又包括专项收入、行政事业性收费、罚没收入、政府性基金、国有资本经营收入、国有资源有偿使用收入等。由于行政事业性收费工作由财政、物价部门共同管理,统计口径又各不相同,使得行政事业性收费数据的统计变得纷繁复杂,比如水资源费、排污费、矿产资源补偿费本来是行政事业性收费,但在财政部门的统计工作中却作为专项收入管理,不在行政事业性收费的统计范围内。在数据采集工作中,经常出现财政部门一个数,物价部门一个数,报到省里一个数,到市、县一问又一个数的奇特现象,为准确了解和把握行政事业性收费工作带来了困难和障碍。

第三节 行政事业性收费主要问题的制度性成因分析

行政事业性收费存在各类问题的原因是多方面的,我们分别从以下两个主要方面去分析。

一、行政事业性收费主要问题的主观客观原因

行政事业性收费产生问题的原因中,既有收费单位和人员的法治观念

第三章 我国现行行政事业性收费制度的基本内容及其主要问题

淡漠、部门利益驱使的主观因素,也有需要增加行政事业性收费来解决办公经费不足的客观因素。

(一)"收费养人"的问题造成了乱收费、乱摊派的现象

据统计,截至2011年初,我国有126万个事业单位,共计3000多万名正式职工。其中,教育、卫生和农技服务从业人员三项相加,占总人数的3/4,其中教育系统的人员即达到一半左右。另有900万离退休人员,总数超过4000万人。① 在各类事业单位的从业人员中,又分为全额拨款人员、差额拨款人员、自收自支人员等。差额拨款人员和自收自支人员大约分别占总人数的18%和13%。从单位性质看,各级政府机关的机关事务管理部门、教育部门、卫生部门中的差额拨款人员人数较多,技术监督部门、牧业部门、科协、水利部门中的自收自支人员较多。从地区分布看,越是经济欠发达地区,差额拨款人员和自收自支人员人数越多。事业单位中差额拨款人员和自收自支人员比例过高,必然造成收费养人问题的存在。为了养人,就要收费,还要想尽办法多收费。有的搭车收费,有的巧立名目扩大范围收费,有的千方百计提高收费标准。个别单位在行政事业性收费和经营服务性收费之间钻政策空子,打"擦边球",将行政事业性收费转化成经营服务性收费,并作为主要经费来源。有的甚至通过地方立法、制定规范性文件等方式将不合理收费合法化,造成行政事业性收费项目设立容易取消难。

(二)财政保障能力不足、收费返还机制不科学是引发收费冲动的重要因素

据财政部统计,2012年全国地方本级收入61078.29亿元,其中税收收入共计47319.08亿元,非税收入共计13759.21亿元,行政事业性收费收入共计4202.34亿元。由此可见,非税收入占地方本级收入的22.5%,而行政事业性收费收入又占非税收入的31%。② 在经济发达的地区,企业多、税源广、财政支付能力强、行政事业性收费工作相对规范,而在经济

---

① 资料来源:《瞭望》新闻周刊,2011-04-09。
② 资料来源:财政部网站,《2012年地方公共财政收入决算表》。

欠发达地区，由于受财政实力的限制，行政事业性收费占财政收入的比重较高。近几年来，各地振兴发展的步伐和经济增长速度呈现出良好势头，但总体上经济实力依然有限，"吃饭财政"仍是一些地方财政供给的主要特征。

市县级特别是相对贫困的市县级地方财政收入中，税收收入与非税收入所占比重不协调。越是相对贫困的市县，非税收入所占财政收入的比重越大，非税收入特别是行政事业性收费仍是市县财政收入的重要来源。在一些经济欠发达的市县，即便是全额拨款的事业单位，一些应纳入财政全额拨款的经费项目，也难以得到保障，业务经费缺口较大，收费返还收入仍然成为大部分地区解决业务经费不足问题的一个重要途径。与此同时，返还比例的标准高低不一。这也造成一些行政事业性收费部门和单位千方百计多收，有的擅自扩大收费范围，提高收费标准，收费冲动有增无减。有的收费项目在年中被取消，但这笔费用已经列入财政预算，财政又没有能力保障，收费部门只能靠多收乱收来弥补和解决资金缺口。

（三）收费监管不到位，处分处罚力度不够

现行的行政事业性收费管理是收费项目由财政部门会同物价部门审批；收费标准则由物价部门会同财政部门审批。这种"两个为主"的审批管理体制在具体操作中很容易引起矛盾，对监管工作不利。

从行政事业性收费的发展过程看，很多收费项目是由于财政困难而设立的，经费困难成为收费立项的一个依据。收费项目以财政为主审批，很难有效抑制不合理收费，容易引起行政事业性收费的过度膨胀。两个部门审批就应该由这两个部门监管，但这种多头监管很难形成合力，往往形成"都管又都不管"的局面。虽然财政部门、物价部门每年都开展行政事业性收费工作大检查，但是这种纵向上"自己查自己"的例行公务，很难发挥监管作用。即使查出一些违规问题，由于处分处罚的依据缺失，导致处理手段刚性不足，对直接责任人的惩处力度也不够。由于监管部门多，又没有形成沟通机制、缺乏统一整体配合，也削弱了监管力度。

（四）一些行政事业性收费人员的素质不高

相当一部分实施行政事业性收费工作的人员是事业单位人员，人员结

第三章　我国现行行政事业性收费制度的基本内容及其主要问题

构比较复杂，人员素质参差不齐，加上学习培训不及时、监督检查不到位，造成一些收费人员收费不开票，收人情费、关系费，从而影响了行政事业性收费工作的严肃性和公信力。

二、行政事业性收费主要问题的制度性原因

从制度建设的角度去分析，制度不健全也是导致行政事业性收费工作中问题频发的一个重要原因，主要表现在以下几个方面。

（一）行政事业性收费的范围不明确、结构不合理

目前，很多主管部门的同志对行政事业性收费与税收、价格之间的关系始终没有理清，导致在实践中出现了一系列问题。一是"税费不清"。税收用于满足一般的公共财政需要，国家有征税的权力而没有相应的对待给付义务。而行政事业性收费是因为直接受益者享受了某项特定服务、取得了某些国有资源和资金的使用权，或者获得了从事某些经营行为的资格而必须支付相应的费用。由于在现行制度中没有彻底划清税收与行政事业性收费之间的关系，而国家又实行了严格的税收制度，一些地方政府就通过规范化程度较低的行政事业性收费来汲取财政收入，把一些明显具有普适性、应当属于税收的收入，归入行政事业性收费，甚至形成按需要立项、按需要收费、收费不断膨胀的局面。二是"价费不清"。行政事业性收费是基于行政机关实施了行政管理、提供了公共服务而产生的，一般不体现等价交换关系，当事人之间的权利义务也不对等，而价格则基于市场经营行为而产生，它体现了等价交换关系，当事人之间的权利义务也是对等的。在计划经济体制下，行政事业性收费与价格不加区分。许多因经营性行为产生的收入，在有关文件中一直被称为经营性收费。在实践中，一些行政机关仍沿用计划经济体制下形成的传统做法，以行政事业性收费的名义，收取经营性收入，强制服务、强制收费。一些地方就曾经将建筑工程施工图审查作为建筑工程竣工验收的前置条件，并强制收取相关费用。三是"费费不清"。目前，各地行政机关所属的事业单位分为财政全额拨款、差额拨款、自收自支等类型。后两种机构缺乏财政经费的支持，需要

通过行政事业性收费来维持机构的运行。有些地方政府将部分行政职能委托其下属单位去完成，将所获得的行政事业性收费作为其主要经费来源，形成了"收费养人"、"养人收费"之间的恶性循环。一些地方的基础设施建设还要依靠行政事业性收费来冲抵部分财政经费，由此驱使一些地方和部门不断申请设立行政事业性收费项目。四是"收费收入不清"。行政事业性收费依据的是政府的行政管理权，而国有资源有偿使用收入依据的是国有资源所有权。根据现行财政体制的规定，政府非税收入中包括了土地出让收入等利用国有资源取得的收入。国家在获得了国有资源有偿使用收入后，就不应再收取资源补偿类的行政事业性收费，而《收费目录》中又规定了这类收费。此外，《收费目录》中还规定了一些罚没收入，也作为行政事业性收费管理。

我国行政事业性收费涉及的事项比较广泛，种类也比较复杂，目前的问题在于：一是管理类收费较多。这类收费主要用于补偿财政经费和行政机关的管理成本。这一现象与各级财政保障政府履行管理职责经费的改革方向是相背离的。二是资源环境类收费偏低。这类收费与大量无偿或廉价使用的自然资源相比，与所污染破坏的生态环境和社会环境相比都是偏低的。三是有些类别的行政事业性收费是可以合并或取消的。如许多部门都在举办一些资格考试，如果这些考试交由专业考试机构负责，就可以减少行政成本，降低过高的收费标准，从而减轻社会负担。

（二）有关行政事业性收费的法律依据层级较低

我国《立法法》明确规定，对非国有财产的征收，必须制定法律。国务院根据全国人大的授权，可以规定行政征收等事项。但迄今为止，我国还没有一部关于行政事业性收费方面的统一立法。大量的行政事业性收费行为所依据的是国务院及其有关部门、各地方政府发布的规范性文件，法律效力层级较低，随意性较大，有些规范性文件之间还相互冲突和交叉。

1. 全国性及中央部门和单位行政事业性收费项目的设立依据

表3-2是在《2011年全国性及中央部门和单位行政事业性收费项目目录》的"收费管理文件依据"的部分内容。

第三章 我国现行行政事业性收费制度的基本内容及其主要问题

表 3-2　2011 年全国性及中央部门和单位行政事业性收费项目目录

收费项目	收费及资金管理文件依据
1. 护照费	
（1）护照	价费字〔1992〕198 号，计价格〔1999〕466 号，财预〔2000〕127 号
（2）护照加急	价费字〔1992〕198 号，计价格〔1999〕466 号，财预〔2003〕470 号
2. 认证费	
（1）认证	价费字〔1992〕198 号，计价格〔1999〕465 号，财预〔2000〕127 号
（2）认证加急	价费字〔1992〕198 号，计价格〔1999〕466 号，财预〔2003〕470 号
3. 签证费	
（1）驻外使馆为外国公民办理签证	价费字〔1992〕198 号，财预〔2000〕127 号
（2）代办外国签证（限于国家机关）	价费字〔1992〕198 号，计价格〔1999〕466 号，财综〔2003〕45 号，财预〔2009〕79 号
（3）代办外国签证加急（限于国家机关）	同上
（4）代填外国签证申请表（限于国家机关）	同上
4. 驻外使领馆公证翻译费	价费字〔1992〕198 号，财预〔2003〕470 号
5. 代发电报收费	财综字〔1997〕123 号，计价费〔1997〕1687 号，财预〔2003〕470 号
6. 非刑事案件财物价格鉴定费	财综〔2004〕56 号
7. 普通高中学费	教财〔1996〕101 号，教财〔2003〕4 号
（1）学费	
（2）择校费	
8. 普通高中住宿费	同上
9. 中等职业学校学费	同上
10. 中等职业学校住宿费	同上
11. 高等学校学费	教财〔1996〕101 号，教财〔2003〕4 号，计价格〔2002〕838 号，计价格〔2002〕665 号，发改价格〔2005〕2528 号，教财〔2006〕2 号

续表

收费项目	收费及资金管理文件依据
12. 高等学校住宿费	教财〔1996〕101号,教财〔2003〕4号,教财〔2006〕2号
13. 高等学校委托培养费	教财〔1992〕42号,价费字〔1992〕367号
14. 函大、电大、夜大及短训班培训费	教财〔1992〕42号,价费字〔1992〕367号
15. 中央广播电视大学中专学费	发改价格〔2009〕2555号
16. 考试考务费	
(1) 高等教育自学考试费	价费字〔1992〕367号,发改价格〔2003〕2161号
(2) 高等教育自学考试考务费	价费字〔1992〕367号,发改价格〔2003〕2161号
(3) 商务管理和金融管理专业自学考试费	财综字〔1999〕110号,发改价格〔2003〕2161号
(4) 商务管理和金融管理专业自学考试考务费	财综字〔1999〕110号,发改价格〔2003〕2161号
(5) 全国公共英语等级考试费	同上
(6) 全国公共英语等级考试考务费	同上
(7) 剑桥少儿英语考试费	同上
(8) 剑桥少儿英语考试考务费	同上
(9) 全国计算机应用技术证书考试费	同上
(10) 全国计算机应用技术证书考试考务费	同上
(11) 在职人员攻读专业学位考试报名考务费	计价格〔2001〕1226号,发改价格〔2004〕2839号
(12) 高考(含成人高考)考试费	价费字〔1992〕367号,发改价格〔2003〕2161号,发改价格〔2005〕1245号
(13) 高考(含成人高考)考试考务费	价费字〔1992〕367号,发改价格〔2003〕2161号,发改价格〔2005〕1245号
(14) 研究生招生考试费	教财〔1992〕42号,财综字〔1995〕16号,发改价格〔2003〕2161号
(15) 研究生招生考试考务费	教财〔1992〕42号,发改价格〔2003〕2161号
(16) 大学英语四、六级考试费	价费字〔1992〕367号,发改价格〔2008〕3699号
(17) 大学英语四、六级考试考务费	价费字〔1992〕367号,发改价格〔2008〕3699号
(18) 电大视听生考试和高等教育学历文凭考试费	发改价格〔2003〕2161号
(19) 电大视听生考试和高等教育学历文凭考试考务费	发改价格〔2003〕2161号
(20) CIT模块报告考核费	同上

第三章 我国现行行政事业性收费制度的基本内容及其主要问题

续表

收费项目	收费及资金管理文件依据
（21）CIT 资格审查费	同上
（22）全国外语水平考试费	同上
（23）全国外语水平考试考务费	同上
（24）专科起点本科入学考试费	同上
（25）专科起点本科入学考试考务费	同上
（26）成人高等职教考试费	同上
（27）成人高等职教考试考务费	同上
（28）计算机等级考试费	同上
（29）计算机等级考试考务费	同上
（30）同等学历人员申请硕士学位水平全国统一考试报名费	计价格〔2000〕545号
（31）全国网络统考考试费	财综〔2006〕4号，财综〔2008〕69号，发改价格〔2010〕955号
（32）普通话水平测试费	财综〔2003〕53号，发改价格〔2003〕2160号
17. 证照费	
（1）外国人证件费	价费字〔1992〕240号，财预字〔1994〕37号，公通字〔2000〕99号
①准予停留章	公通字〔1996〕89号
②居留许可	财综〔2004〕60号，发改价格〔2004〕2230号
③永久居留申请	财综〔2004〕32号，发改价格〔2004〕1267号
④永久居留证（含丢失补领、损坏换发）	同上
⑤出入境证	公通字〔1996〕89号
⑥旅行证（含延期）	同上
⑦准迁证	同上
（2）公民出入境证件费	价费字〔1992〕240号，价费字〔1993〕164号，财预字〔1994〕37号，公通字〔2000〕99号
①护照（含加页、核定、加注、延期）	计价格〔2000〕293号
②出入境通行证	财综〔2008〕9号
③往来（含前往）港澳通行证（含签注）	计价格〔2002〕1097号，发改价格〔2005〕77号

续表

收费项目	收费及资金管理文件依据
④台湾居民往来大陆通行证（含签注）	价费字〔1993〕164号，计价格〔2001〕1835号，发改价格〔2004〕334号，财综〔2005〕58号，发改价格〔2005〕1460号，发改价格〔2011〕1389号
⑤台湾同胞定居证	价费字〔1993〕164号，发改价格〔2004〕2839号
⑥华侨回国定居证	同上
⑦大陆居民往来台湾通行证（含签注）	价费字〔1993〕164号
（3）户籍管理证件工本费	价费字〔1992〕240号，财预字〔1994〕37号
①户口簿	
②户口迁移证件	
（4）居民身份证工本费	价费字〔1992〕240号，计价格〔1995〕873号，计价格〔1997〕1485号，财预字〔1994〕37号，发改价格〔2003〕2322号，财综〔2004〕8号，发改价格〔2005〕436号，财综〔2007〕34号
（5）机动车号牌工本费	价费字〔1992〕240号，财预字〔1994〕37号，计价格〔1994〕783号，发改价格〔2004〕2831号
①号牌（含临时）	
②号牌专用固封装置	
③号牌架	
（6）机动车行驶证工本费	价费字〔1992〕240号，财预字〔1994〕37号，计价格〔1994〕783号，发改价格〔2004〕2831号
（7）机动车登记证书工本费	财综〔2001〕67号，计价格〔2001〕1979号，发改价格〔2004〕2831号
（8）驾驶证工本费	价费字〔1992〕240号，财预字〔1994〕37号，发改价格〔2004〕2831号
（9）临时入境机动车号牌和行驶证工本费	财综〔2008〕36号，发改价格〔2008〕1575号
（10）临时机动车驾驶许可工本费	财综〔2008〕36号，发改价格〔2008〕1575号
18. 外国人签证费	价费字〔1992〕240号，财预字〔1994〕37号，公通字〔2000〕99号，计价格〔2003〕392号
19. 中国国籍申请手续费（含证书费）	价费字〔1992〕240号，公通字〔1996〕89号，财预字〔1994〕37号，公通字〔2000〕99号
20. 口岸以外边防检查监护费	价费字〔1992〕240号，财预字〔1994〕37号，计价格〔2001〕523号

第三章　我国现行行政事业性收费制度的基本内容及其主要问题

续表

收费项目	收费及资金管理文件依据
21. 机动车安全技术检验费	价费字〔1992〕240号，财预字〔1994〕37号，发改价格〔2004〕2831号
22. 机动车抵押登记费	财综〔2001〕67号，计价格〔2001〕1979号
23. 考试考务费	
（1）驾驶许可考试费	财综〔2001〕67号，计价格〔2001〕1979号
（2）消防行业特有工种职业技能鉴定考试考务费	财综〔2011〕59号
（3）消防行业特有工种职业技能鉴定考试费	财综〔2011〕59号
（4）保安员资格考试费	财综〔2011〕60号，发改价格〔2011〕2333号
24. 菲律宾船员检查费	财综〔2006〕28号
25. 培训费	财综〔2003〕43号，发改价格〔2006〕2616号，财综〔2011〕28号
26. 住宿费	同上
27. 资料工本费	同上
28. 婚姻登记费	价费字〔1992〕249号，财预字〔1994〕37号，计价格〔2001〕523号，财综〔2002〕7号
29. 收养登记费	价费字〔1992〕349号，财预字〔1994〕37号，计价格〔2001〕523号
30. 殡葬收费	价费字〔1992〕249号，财预〔2009〕79号
31. 学费	财综〔2004〕4号
32. 住宿费	同上
33. 外国律师事务所办事处申请手续费	价费字〔1992〕618号，财综〔2003〕29号
34. 外国律师事务所办事处年检费	价费字〔1992〕618号，财综〔2003〕29号
35. 公证费（限于行政机关）	计价费〔1997〕285号，计价费〔1998〕814号，财预〔2003〕470号
36. 考试考务费	
（1）司法考试考务费	财综〔2002〕6号，计价格〔2002〕154号，财预〔2009〕79号

续表

收费项目	收费及资金管理文件依据
（2）司法考试费	财综〔2002〕6号，计价格〔2002〕154号，财预〔2009〕79号
37. 涉外、涉港澳台公证书工本费	财综〔2000〕2号，计价格〔2002〕1347号，财预〔2009〕79号
38. 收费票据工本费	计价格〔2001〕604号，财预〔2002〕584号
39. 考试考务费	
（1）注册会计师考试考务费	计价格〔2001〕527号，财预〔2002〕584号
（2）注册会计师考试报名费	计价格〔2001〕527号，财预〔2002〕584号
（3）会计专业技术资格考试考务费	计价格〔2000〕1567号，财预〔2002〕584号
（4）会计专业技术资格考试费	计价格〔2000〕1567号，财预〔2002〕584号
（5）会计从业资格考试费	计价格〔2002〕1575号
（6）注册资产评估师执业资格珠宝评估专业考试费	发改价格〔2008〕2021号
40. 职业技能鉴定费	财综函〔2001〕4号，财综〔2004〕65号
41. 保存人事关系及档案收费	价费字〔1992〕253号，财预〔2003〕470号
42. 考试考务费	
（1）专业技术人员计算机应用能力考试考务费	计价格〔2001〕1969号，财预〔2002〕584号
（2）专业技术人员计算机应用能力考试费	计价格〔2001〕1969号，财预〔2002〕584号
（3）价格鉴证师执业资格考试考务费	财综字〔2000〕27号，财预〔2002〕584号，发改价格〔2004〕1108号
（4）价格鉴证师执业资格考试费	财综字〔2000〕27号，财预〔2002〕584号，发改价格〔2004〕1108号
（5）注册城市规划师资格考试考务费	财综字〔2000〕27号，财预〔2002〕584号，计价格〔2000〕546号
（6）注册城市规划师资格考试费	财综字〔2000〕27号，财预〔2002〕584号，计价格〔2000〕546号
（7）质量专业技术人员职业资格考试考务费	计价格〔2001〕1969号，财预〔2002〕584号
（8）质量专业技术人员职业资格考试费	计价格〔2001〕1969号，财预〔2002〕584号
（9）专业技术人员职称外语等级考试考务费	财预〔2002〕584号，发改价格〔2004〕1108号

第三章 我国现行行政事业性收费制度的基本内容及其主要问题

续表

收费项目	收费及资金管理文件依据
（10）专业技术人员职称外语等级考试费	同上
（11）经济专业技术资格考试考务费	同上
（12）经济专业技术资格考试费	同上
（13）执业药师、执业中药师资格考试考务费	同上
（14）执业药师、执业中药师资格考试费	同上
（15）监理工程师、造价工程师执业资格考试考务费	同上
（16）监理工程师、造价工程师执业资格考试费	同上
（17）注册资产评估师执业资格考试考务费	同上
（18）注册资产评估师执业资格考试费	同上
（19）企业法律顾问执业资格考试考务费	同上
（20）企业法律顾问执业资格考试费	同上
（21）注册税务师执业资格考试考务费	同上
（22）注册税务师执业资格考试费	同上
（23）国际商务师执业资格考试考务费	同上
（24）国际商务师执业资格考试费	同上
（25）初级、中级出版专业技术人员职业资格考试考务费	计价格〔2002〕1698号，财预〔2002〕584号
（26）初级、中级出版专业技术人员职业资格考试费	计价格〔2002〕1698号，财预〔2002〕584号
（27）注册咨询工程师（投资）执业资格考试考务费	计价格〔2002〕1698号，财预〔2002〕584号
（28）注册咨询工程师（投资）执业资格考试费	计价格〔2002〕1698号，财预〔2002〕584号
（29）土地登记代理人员职业资格考试考务费	发改价格〔2004〕1108号
（30）土地登记代理人员职业资格考试费	发改价格〔2004〕1108号
（31）注册安全工程师执业资格考试考务费	发改价格〔2007〕2016号
（32）注册安全工程师执业资格考试费	发改价格〔2007〕2016号
（33）注册设备监理师执业资格考试考务费	发改价格〔2007〕2016号

续表

收费项目	收费及资金管理文件依据
（34）注册设备监理师执业资格考试费	发改价格〔2007〕2016号
（35）投资建设项目管理师职业水平考试考务费	财综〔2006〕22号，发改价格〔2008〕2666号
（36）投资建设项目管理师职业水平考试费	财综〔2006〕22号，发改价格〔2008〕2666号
（37）外销员从业资格考试考务费	发改价格〔2004〕1108号
（38）外销员从业资格考试费	发改价格〔2004〕1108号
（39）注册化工工程师执业资格考试（包括基础考试和专业考试）费	发改价格〔2009〕1003号
（40）注册公用设备工程师执业资格考试（包括基础考试和专业考试）费	发改价格〔2009〕1003号
（41）注册土木工程师（港口与航道工程）执业资格考试（包括基础考试和专业考试）费	发改价格〔2009〕1003号
（42）注册电气工程师执业资格考试（包括基础考试与专业考试）费	发改价格〔2009〕1003号
（43）环境影响评价工程师职业资格考试费	财综〔2007〕41号，发改价格〔2007〕1925号
（44）助理社会工作师职业水平考试考务费	财综〔2007〕61号，发改价格〔2010〕573号
（45）助理社会工作师职业水平考试费	财综〔2007〕61号，发改价格〔2010〕573号
（46）社会工作师职业水平考试考务费	财综〔2007〕61号，发改价格〔2010〕573号
（47）社会工作师职业水平考试费	财综〔2007〕61号，发改价格〔2010〕573号
（48）招标师职业水平考试考务费	财综〔2009〕10号，发改价格〔2009〕633号
（49）招标师职业水平考试费	财综〔2009〕10号，发改价格〔2009〕633号
（50）助理广告师、广告师职业水平考试考务费	财综〔2010〕47号，发改价格〔2010〕1669号
（51）助理广告师、广告师职业水平考试费	财综〔2010〕47号，发改价格〔2010〕1669号
（52）注册测绘师资格考试考务费	财综〔2010〕49号，发改价格〔2010〕1660号
（53）注册测绘师资格考试费	财综〔2010〕49号，发改价格〔2010〕1660号
（54）注册测计量师资格考试考务费	财综〔2010〕77号，发改价格〔2010〕2466号
（55）注册测计量师资格考试费	财综〔2010〕77号，发改价格〔2010〕2466号
43.石油（天然气）勘查、开采登记费（包括证书费）	价费字〔1992〕184号，财预〔2000〕127号

第三章 我国现行行政事业性收费制度的基本内容及其主要问题

续表

收费项目	收费及资金管理文件依据
44. 矿产资源补偿费	国务院第 150 号令
45. 矿产资源勘查登记费	价费字〔1992〕251 号
46. 采矿登记收费	价费字〔1992〕251 号
47. 土地复垦费	《土地管理法》
48. 土地闲置费	《土地管理法》，财预〔2002〕584 号
49. 土地登记费	国土（籍）字〔1990〕93 号，财预〔2000〕127 号
50. 征（土）地管理费	价费字〔1992〕597 号，计价格〔2001〕585 号
51. 耕地开垦费	《土地管理法》，财预〔2002〕584 号
52. 地质成果资料费	价费字〔1992〕251 号，财预〔2003〕470 号
53. 考试考务费	
（1）土地估价师考试考务费	发改价格〔2005〕147 号
（2）土地估价师考试费	发改价格〔2005〕147 号
54. 房屋所有权登记费	财预字〔1994〕37 号，发改价格〔2008〕924 号
55. 城市房屋安全鉴定费	价费字〔1992〕179 号，财预〔2000〕127 号
56. 城市污水处理费（限于事业单位）	财综字〔1997〕111 号，国发〔2000〕36 号，计价格〔1999〕1192 号，计价格〔2002〕515 号，财预〔2009〕79 号
57. 城市道路占用挖掘费	建城〔1993〕410 号，财预〔2003〕470 号
58. 白蚁防治费	价费字〔1992〕179 号，财预〔2002〕584 号
59. 考试考务费	
（1）注册土木工程师（岩土）执业资格考试报名费	计价格〔2002〕2546 号
（2）房地产经纪人执业资格考试报名费	同上
（3）注册土木工程师（岩土）执业资格考试费	同上
（4）房地产经纪人执业资格考试费	同上
（5）注册建造师执业资格考试考务费	财综〔2007〕35 号，发改价格〔2007〕1467 号
（6）注册建造师执业资格考试费	财综〔2007〕35 号，发改价格〔2007〕1467 号
（7）注册化工工程师执业资格基础考试考务费	发改价格〔2009〕1003 号
（8）注册化工工程师执业资格考试（包括基础考试和专业考试）费	发改价格〔2009〕1003 号

续表

收费项目	收费及资金管理文件依据
（9）注册公用设备工程师执业资格基础考试考务费	发改价格〔2009〕1003号
（10）注册公用设备工程师执业资格考试（包括基础考试和专业考试）费	发改价格〔2009〕1003号
（11）注册土木工程师（港口与航道工程）执业资格基础考试考务费	财综〔2007〕23号，发改价格〔2009〕1003号
（12）注册土木工程师（港口与航道工程）执业资格考试（包括基础考试和专业考试）费	财综〔2007〕23号，发改价格〔2009〕1003号
（13）注册电气工程师执业资格基础考试考务费	发改价格〔2009〕1003号
（14）注册电气工程师执业资格考试（包括基础考试与专业考试）费	发改价格〔2009〕1003号
（15）注册环保工程师执业资格基础考试考务费	财综〔2006〕37号，发改价格〔2009〕2599号
（16）注册环保工程师执业资格考试（包括基础考试和专业考试）费	财综〔2006〕37号，发改价格〔2009〕2599号
（17）注册土木工程师（水利水电工程）执业资格基础考试考务费	财综〔2006〕37号，发改价格〔2009〕2599号
（18）注册土木工程师（水利水电工程）执业资格考试（包括基础考试和专业考试）费	财综〔2006〕37号，发改价格〔2009〕2599号
（19）物业管理师资格考试考务费	财综〔2009〕7号，发改价格〔2009〕767号
（20）物业管理师资格考试费	财综〔2009〕7号，发改价格〔2009〕767号
60.保存人事关系档案收费	价费字〔1992〕253号，财综〔2002〕68号，财预〔2003〕470号
61.考试考务费	
（1）铁道行业职业技能鉴定考试考务费	计价格〔2002〕435号，财预〔2003〕470号
（2）铁道行业职业技能鉴定考试费	同上
（3）会计从业资格考试费	计价格〔2002〕1575号
62.车辆通行费（限于政府还贷）	交公路发〔1994〕686号，《收费公路条例》，财预〔2009〕79号

第三章 我国现行行政事业性收费制度的基本内容及其主要问题

续表

收费项目	收费及资金管理文件依据
63. 船舶港务费	价费字〔1992〕191号，交财发〔1997〕93号，财预〔2009〕79号
64. 船舶登记费	价费字〔1992〕191号，交财发〔1997〕93号，财预〔2003〕470号，财预〔2003〕559号，财预〔2009〕79号
65. 船舶证明签证费	同上
66. 船舶申请安全检查复查费	同上
67. 油污水化验费	价费字〔1992〕191号，财预〔2003〕470号，财预〔2003〕559号，财预〔2009〕79号
68. 海事调解费	价费字〔1992〕191号，财预〔2003〕470号，财预〔2003〕559号，发改价格〔2004〕2839号，财预〔2009〕79号
69. 浮油回收费	价费字〔1992〕191号，财预〔2003〕470号，财预〔2003〕559号，财预〔2009〕79号
70. 海岸电台无线电电报电话费（含船舶电信业务岸台费）	价费字〔1992〕191号，财预〔2003〕470号，财预〔2003〕559号，交财发〔1993〕379号，财综〔2004〕62号，财预〔2009〕79号
71. 船舶及船用产品设施检验费	价费字〔1993〕17号，财综〔2003〕81号，财预〔2009〕79号
72. 特种船舶和水上水下工程护航费	价费字〔1992〕191号，财预〔2003〕470号，财预〔2003〕559号，发改价格〔2004〕2839号，财预〔2009〕79号
73. 长江干线船舶引航收费	财综〔2007〕60号，发改价格〔2008〕12号，发改价格〔2011〕1536号
（1）引航费	
（2）移泊费	
（3）交通费	
74. 考试考务费	
（1）引航员考试费	计价格〔2001〕2717号，财预〔2003〕470号，财预〔2003〕559号
（2）磁罗经校正员考试费	同上

续表

收费项目	收费及资金管理文件依据
（3）注册验船师考试费	同上，财综〔2010〕13号
（4）船员适任证书考试（含海船及内河船员）费	同上
（5）注册土木工程师（港口与航道工程）执业资格专业考试考务费	财综〔2007〕23号，发改价格〔2009〕1003号
（6）交通行业特有职业技能资格鉴定（考核）考试考务费	财综〔2006〕36号，发改价格〔2010〕203号
（7）交通行业特有职业技能资格鉴定（考核）考试费	财综〔2006〕36号，发改价格〔2010〕203号
（8）经营性道路客货运输驾驶员从业资格考试考务费	财综〔2010〕39号，发改价格〔2010〕1615号
（9）经营性道路客货运输驾驶员从业资格考试费	财综〔2010〕39号，发改价格〔2010〕1615号
（10）机动车检测维修专业技术人员职业水平考试考务费	财综〔2011〕10号
（11）机动车检测维修专业技术人员职业水平考试费	财综〔2011〕10号
75. 电子工程概预算人员培训费	发改价格〔2004〕36号
76. 无线电频率占用费	计价费〔1998〕218号，财建〔2002〕640号，发改价格〔2003〕2300号，发改价格〔2005〕2812号，发改价格〔2007〕3643号，发改价格〔2011〕749号
77. 无线电设备检测费	计价费〔1998〕218号，发改价格〔2011〕890号
78. 进网许可标志工本费	财综〔2002〕37号，发改价格〔2003〕477号
79. 考试考务费	
（1）电子行业特有工种职业技能鉴定考试考务费	发改价格〔2004〕425号
（2）电子行业特有工种职业技能鉴定考试费	发改价格〔2004〕425号
（3）计算机软件专业技术资格和水平考试考务费	发改价格〔2003〕2148号
（4）计算机软件专业技术资格和水平考试费	发改价格〔2003〕2148号

第三章 我国现行行政事业性收费制度的基本内容及其主要问题

续表

收费项目	收费及资金管理文件依据
（5）全国通信专业技术人员职业水平考试考务费	财综〔2011〕90号，发改价格〔2011〕2402号
（6）全国通信专业技术人员职业水平考试费	财综〔2011〕90号，发改价格〔2011〕2402号
80. 电信网码号资源占用费	信部联清〔2004〕517号
81. 水资源费（含三峡电站水资源费）	价费字〔1992〕181号，财预字〔1994〕37号，财综〔2003〕89号，财综〔2008〕79号，发改价格〔2009〕1779号，财综〔2011〕19号
82. 河道采砂管理费	价费字〔1992〕181号，财预字〔1994〕37号
83. 河道工程修建维护管理费	同上，财预〔2000〕127号，财综〔2003〕89号
84. 占用农业灌溉水源及设施补偿费	水政资〔1995〕457号
85. 水土流失防治费	财预〔2002〕584号，财综〔2003〕89号
86. 水土保持设施补偿费	财预〔2002〕584号
87. 长江河道砂石资源费	财综〔2003〕69号，发改价格〔2009〕3085号
88. 注册土木工程师（水利水电工程）执业资格专业考试考务费	财综〔2006〕37号，发改价格〔2009〕2599号
89. 植物新品种保护权收费	财综字〔1998〕160号，财预〔2000〕127号，发改价格〔2007〕1968号
90. 国内植物检疫费	价费字〔1992〕452号，财预〔2002〕584号
91. 畜禽及畜禽产品检疫费	价费字〔1992〕452号，计价格〔1994〕400号，财预〔2003〕2353号，财预〔2002〕584号，财综〔2008〕78号
92. 农药登记费	计价格〔2001〕523号，财预〔2000〕127号，财综〔2011〕9号，发改价格〔2011〕2021号
93. 农药实验费	价费字〔1992〕452号，财预〔2009〕79号
94. 新兽药审批费	价费字〔1992〕452号，财预〔2000〕127号
95. 进口兽药注册登记审批、发证收费	价费字〔1992〕452号，财预〔2002〕584号
96. 《进口兽药许可证》审批费	同上
97. 《兽药典》、《兽药规范》和兽药专业标准收载品种生产审批费	价费字〔1992〕452号，财预〔2002〕584号

续表

收费项目	收费及资金管理文件依据
98. 已生产兽药品种注册登记费	同上
99. 检验检测费	
（1）新饲料添加剂质量复核检验	价费字〔1992〕452号，财预〔2009〕79号
（2）进口饲料添加剂质量复核检验	同上
（3）饲料及饲料添加剂委托检验	同上
（4）进口兽药质量标准复核检验	价费字〔1992〕452号，财预〔2009〕79号
（5）进口兽药检验	同上
（6）出口兽药检验	同上
（7）新兽药质量复核检验	同上
（8）兽药委托检验	同上
（9）农作物委托检验	价费字〔1992〕452号，财预〔2009〕79号
（10）农机产品测试检验	发改价格〔2010〕2363号
（11）农业转基因生物检测	财综〔2002〕64号，发改价格〔2007〕3704号，财综〔2008〕76号
100. 农机监理费（含"九二"式拖拉机牌证费）	价费字〔1992〕452号，计价格〔1994〕400号，（94）财预字第37号，发改价格〔2003〕2353号，发改价格〔2004〕2831号
（1）拖拉机号牌（含号牌架、固封装置）	
（2）拖拉机行驶证（含临时）	
（3）登记证	
（4）驾驶证	
（5）安全技术检验	
（6）驾驶许可考试	
101. 渔业资源增殖保护费	价费字〔1992〕452号，计价格〔1994〕400号，财预〔2000〕127号
102. 海事调解费	价费字〔1992〕452号，发改价格〔2003〕2353号，财预〔2009〕79号
103. 渔业船舶和船用产品检验费	价费字〔1992〕452号，计价格〔1994〕400号，计价格〔2000〕559号，发改价格〔2003〕2353号，财预〔2009〕79号
104. 渔业船舶登记或变更登记费	价费字〔1992〕452号，计价费〔1997〕1148号，财预〔2002〕584号

第三章　我国现行行政事业性收费制度的基本内容及其主要问题

续表

收费项目	收费及资金管理文件依据
（1）国籍证书	
（2）登记证书	
105. 人力资源开发中心收费	财综字〔1999〕127号，计价格〔1999〕2197号，财预〔2009〕79号
（1）人事档案使用费	
（2）人事档案保管费	
106. 农科院研究生院研究生培养费	计办价格〔2000〕1017号
107. 考试考务费	
（1）海洋渔业船舶船员考试费	价费字〔1992〕452号，计价格〔2001〕523号，财预〔2002〕584号
（2）人力资源开发中心工人技术等级考核或职业技能鉴定费	计价格〔1999〕2197号，财预〔2009〕79号
（3）执业兽医资格考试考务费	财综〔2009〕71号，发改价格〔2009〕3104号
（4）执业兽医资格考试费	财综〔2009〕71号，发改价格〔2009〕3104号
108. 农业转基因生物安全评价费	财综〔2002〕64号，发改价格〔2007〕3704号，财综〔2008〕76号
109. 草原植被恢复费	财综〔2010〕29号，发改价格〔2010〕1235号
110. 水生野生动物资源保护费	财综字〔1999〕102号，计价格〔2000〕393号，财预〔2002〕584号，财综〔2009〕18号，财综〔2011〕9号
111. 证照费	
（1）装船证费	价费字〔1992〕401号，财预字〔1994〕37号
（2）手工制品证书费	同上
（3）纺织品原产地证明书费	同上
112. 摄影师预备资格考试费	计办价格〔2001〕925号，财预〔2003〕470号
113. 卫生监测费	价费字〔1992〕314号，财预〔2000〕127号，财预〔2003〕470号，国办发〔2002〕57号，财综〔2008〕47号
114. 预防性体检费	价费字〔1992〕314号，财预〔2000〕127号，国办发〔2002〕57号，财预〔2003〕470号，财综〔2008〕47号

续表

收费项目	收费及资金管理文件依据
115. 预防接种劳务费	同上
116. 委托性卫生防疫服务费	价费字〔1992〕314号，财预〔2000〕127号，财预〔2003〕470号
117. 医疗事故鉴定费	价费字〔1992〕314号，财预〔2003〕470号，财综〔2003〕27号，发改价格〔2007〕2749号
118. 预防接种异常反应鉴定费	财综〔2008〕70号，发改价格〔2008〕3295号
119. 考试考务费	
（1）卫生专业技术资格考试费	计价格〔2001〕2043号，财预〔2002〕584号
（2）医师资格考试考务费	财综字〔1999〕176号，计价格〔1999〕2267号，财预〔2002〕584号，财综〔2011〕94号
（3）医师资格考试费	同上
（4）医学博士外语考试费	财综〔2003〕79号，发改价格〔2007〕2749号
120. 社会抚养费	财规〔2000〕29号，财预〔2000〕127号，国务院令第357号
121. 考试考务费	
（1）审计专业技术资格考试考务费	计价格〔2002〕97号，财预〔2002〕584号
（2）审计专业技术资格考试费	计价格〔2002〕97号，财预〔2002〕584号
122. 防空地下室易地建设费	中发〔2001〕9号，计价格〔2000〕474号，财预〔2002〕584号
123. 诉讼费	财预〔2002〕9号，财行〔2003〕275号，国务院令481号
124. 培训业务收费	财综〔2010〕119号
（1）培训费	
（2）资料工本费	
（3）住宿费（含团中央）	
125. 工人培训考核费	财综〔2001〕92号，财预〔2003〕470号

第三章 我国现行行政事业性收费制度的基本内容及其主要问题

续表

收费项目	收费及资金管理文件依据
126. 机要交通文件（物件）传递费	财综〔2002〕46号，计价格〔2003〕35号
127. 会计从业资格考试费	计价格〔2002〕1575号，财预〔2002〕584号
128. 中央团校培训收费	
（1）培训费	财综〔2003〕64号，发改价格〔2004〕52号
（2）住宿费	同上
（3）学费	同上
129. 函授学院办学收费	计办价格〔2000〕906号
（1）入学报名费	同上
（2）学费	同上
（3）毕业证工本费	同上
（4）教材费	发改价格〔2003〕1011号
130. 研究生收费	
（1）委托培养在职研究生学费	发改价格〔2003〕1011号
（2）研究生报名考试费	发改价格〔2005〕2238号
（3）研究生住宿费	发改价格〔2005〕2238号
131. 短期培训进修费	发改价格〔2003〕1011号
132. 考试考务费	
（1）注册电气工程师执业资格专业考试考务费	发改价格〔2009〕1003号
（2）注册化工工程师执业资格专业考试考务费	发改价格〔2009〕1003号
（3）注册公用设备工程师执业资格专业考试考务费	发改价格〔2009〕1003号
（4）管理咨询师职业水平考试考务费	财综〔2007〕18号，发改价格〔2009〕3059号
（5）管理咨询师职业水平考试费	财综〔2007〕18号，发改价格〔2009〕3059号
133. 海关监管手续费	价费字〔1992〕293号，计价格〔1999〕1707号，财预字〔1994〕37号，财文字〔1996〕227号
（1）海关监管区域外货物监管	

续表

收费项目	收费及资金管理文件依据
(2) 行李物品监管	
134. 进口货物滞报金	价费字〔1992〕293号,财预字〔1994〕37号,海关总署令第128号
135. 知识产权海关保护备案费	财综字〔1996〕68号,计价费〔1996〕1594号,计价格〔1999〕1707号
136. ATA单证册调整费	财综字〔1996〕68号,计价费〔1996〕1594号
137. 报关员资格考试费	价费字〔1992〕293号,财预〔2002〕9号,财综函〔2009〕43号
138. 货物行李物品保管费	价费字〔1992〕293号,计价费〔1997〕84号,计价格〔1999〕1707号,财预〔2002〕9号
139. 税务发票工本费	价费字〔1992〕111号,财预字〔1994〕37号
140. 企业注册登记费	价费字〔1992〕414号,财预字〔1994〕37号,计价格〔1999〕1707号,发改价格〔2004〕2839号,计价费〔1998〕1077号,国办发〔2004〕10号
(1) 开业注册登记	
(2) 变更登记	
(3) 年度检验	
(4) 补(换)证照	
141. 个体工商户注册登记费	价费字〔1992〕414号,财预字〔1994〕37号,计物价〔1993〕1744号,国办发〔2004〕10号,财综〔2008〕47号
(1) 开业登记	
(2) 变更登记	
(3) 补(换)发营业执照	
142. 商标注册收费	价费字〔1992〕414号,财预字〔1994〕37号,财综字〔1995〕88号,计价格〔1995〕2404号,计价费〔1998〕1077号,发改价格〔2008〕2579号
(1) 受理商标注册	
(2) 补发商标注册证	

第三章 我国现行行政事业性收费制度的基本内容及其主要问题

续表

收费项目	收费及资金管理文件依据
（3）受理转让注册商标	
（4）受理商标续展注册	
（5）受理续展注册迟延	
（6）受理商标评审	
（7）受理立体商标注册	财综〔2004〕11号
（8）受理颜色组合商标注册	财综〔2004〕11号
（9）商标评审延期	
（10）商标变更	
（11）出具商标证明	
（12）受理集体商标注册	
（13）受理证明商标注册	
（14）商标异议	
（15）撤销商标	
（16）受理驰名商标认定	
（17）商标使用许可合同备案	
143. 产品质量监督检验（含核发工业产品生产许可证的产品质量检验）费	价费字〔1992〕496号，计价格〔1996〕1500号，发改价格〔2003〕1793号，国质检科〔2008〕481号，国质检财函〔2009〕688号，财预〔2009〕79号
144. 特种设备检验检测收费	
（1）客运索道运营审查检验和定期检验	财综〔2001〕10号，财预〔2003〕470号
（2）压力管道安装审查检验和定期检验	财综〔2001〕10号，财预〔2003〕470号
（3）压力管道元件制造审查检验	财综〔2001〕10号，财预〔2003〕470号
（4）特种劳动防护用品检验	价费字〔1992〕268号，财预〔2003〕470号
（5）一般劳动防护用品检验	价费字〔1992〕268号，财预〔2003〕470号
（6）锅炉、压力容器检验	价费字〔1992〕268号，财预〔2003〕470号
145. 考试考务费	
（1）棉花质量检验师执业资格考试费	财综〔2001〕32号，财预〔2002〕584号，发改价格〔2003〕378号
（2）珠宝玉石质量检验师执业资格考试报名费	计价格〔2002〕1346号
（3）珠宝玉石质量检验师执业资格考试费	计价格〔2002〕1346号

续表

收费项目	收费及资金管理文件依据
（4）计量专业项目考核费	财综〔2010〕77号，发改价格〔2010〕2466号
146. 工业产品生产许可证收费（含审查费）	价费字〔1992〕127号，价费字〔1992〕268号，价费字〔1992〕317号，价费字〔1993〕135号，计物价〔1993〕2182号，计价格〔1994〕238号，计价格〔1994〕507号，计价格〔1995〕99号，计价格〔1995〕339号，计价格〔1995〕1029号，计价格〔1999〕1707号，财预字〔1994〕37号，计价格〔1996〕1500号，财预〔2000〕127号，财综〔2001〕10号，财综〔2002〕19号，发改价格〔2003〕1793号，财综〔2006〕69号，财综〔2011〕3号
147. 计量收费	财综〔2001〕72号，财预〔2002〕584号，发改价格〔2008〕74号
（1）国际法制计量组织计量器具型式批准	
（2）国际法制计量组织计量器具定型鉴定	
（3）进口计量器具正式型式批准	
（4）进口计量器具临时型式批准	
（5）进口计量器具定型鉴定	
（6）计量标准考核	
（7）计量授权考核	
（8）社会公用计量标准证书	
（9）标准物质定级证书	
（10）计量考评员、计量检定员考核	
（11）计量考评员证书、计量检定员证书	
（12）计量标准考核证书	
（13）计量授权证书	
（14）制造和修理计量器具许可证证书	
（15）制造计量器具许可证	
（16）修理计量器具许可证	
（17）国内计量器具新产品型式批准证书	
（18）国内计量器具新产品定型鉴定和样机试验	
（19）国内计量器具新产品标准物质定级鉴定审查	

第三章 我国现行行政事业性收费制度的基本内容及其主要问题

续表

收费项目	收费及资金管理文件依据
（20）计量认证合格证书	
（21）计量认证	
（22）计量检定	发改价格〔2008〕74号，发改价格〔2009〕234号
148. 组织机构代码证书收费	财预〔2002〕584号，财综〔2003〕66号，发改价格〔2003〕82号
149. 出入境检验检疫收费	发改价格〔2003〕2357号，财综函〔2007〕2号，财综〔2007〕54号，发改价格〔2007〕2216号，财综〔2009〕25号，发改价格〔2010〕134号，发改价格〔2011〕2021号
（1）货物及运输工具检验检疫	
（2）货物及运输工具鉴定业务	
（3）法定预防接种、监测体检	
（4）安全监测及特殊检验项目	
（5）考核注册、签发证（单）、查验审核	
（6）其他	
150. 实验室检验项目、鉴定收费	同上
（1）动植物实验室检验项目	
（2）商品定型试验	
（3）农副土产食品类实验室检验项目	
（4）畜产品类实验室检验项目	
（5）化工、金属材料、矿产品类实验室检验项目	
（6）纺织品类实验室检验项目	
（7）轻工类实验室检验项目	
（8）电器类实验室检验项目	
（9）机械产品实验室检验项目	
（10）包装类实验室检验项目	
（11）其他鉴定业务	
151. 检疫处理等业务收费（限于出入境检验检疫机构收取）	同上
（1）检疫处理	

续表

收费项目	收费及资金管理文件依据
（2）非法定预防接种、监测体检	
（3）动物免疫接种	
152. 滞纳金	同上
153. 设备监理单位资格评审费	财综〔2006〕62号，发改价格〔2009〕2198号
154. 进口废物环境保护审查登记费	财综〔2001〕15号，计价格〔1999〕467号，财综〔2007〕80号，发改价格〔2008〕702号
155. 核安全技术审评费	财综〔2001〕21号，财综〔2003〕87号，发改价格〔2003〕2352号
156. 排污收费	财综〔2003〕38号，国务院令第369号，四部委令第31号
（1）污水排污	
（2）废气排污	
（3）固体废物及危险废物排污	
（4）噪声超标排污	
157. 化学品进口登记费	计价格〔1994〕702号，财预〔2002〕9号
158. 城市放射性废物送贮费	价费字〔1992〕178号，财预〔2002〕584号
159. 环境监测服务费	价费字〔1992〕178号，财预〔2002〕9号
160. 考试考务费	
（1）注册环保工程师执业资格专业考试考务费	财综〔2006〕37号，发改价格〔2009〕2599号
（2）注册核安全工程师职业资格考试费	财综〔2007〕41号，发改价格〔2007〕1925号
（3）环境影响评价工程师职业资格考试考务费	财综〔2007〕41号，发改价格〔2007〕1925号
161. 民用航空器国籍登记费	财综〔2002〕54号，发改价格〔2004〕90号，发改价格〔2007〕475号，发改价格〔2011〕3214号
162. 民用航空器权利登记费	同上
163. 航空业务权补偿费	同上
164. 适航审查费	同上
165. 考试考务费	
（1）民航从业人员考试费	同上
（2）民航行业特有工种职业技能鉴定考务费	财综〔2011〕108号

第三章 我国现行行政事业性收费制度的基本内容及其主要问题

续表

收费项目	收费及资金管理文件依据
（3）民航行业特有工种职业技能鉴定考试费	财综〔2011〕108号
166. 考试考务费	
（1）全国广播电视新闻采编人员、播音员、主持人资格考试考务费	财综〔2005〕33号，财综〔2008〕37号，发改价格〔2008〕1539号
（2）全国广播电视新闻采编人员、播音员、主持人资格考试费	财综〔2005〕33号，财综〔2008〕37号，发改价格〔2008〕1539号
167. 计算机软件著作权登记费	价费字〔1992〕112号，财综〔2004〕80号，财预〔2003〕470号，发改价格〔2004〕2839号，发改价格〔2004〕3004号
168. 外国团体来华登山注册费	价费字〔1992〕207号，财综〔2004〕7号，财预〔2009〕79号
169. 兴奋剂检测费	价费字〔1992〕207号，财综〔2008〕59号，发改价格〔2008〕2361号，财预〔2009〕79号
170. 运动员或运动团体注册费	财综〔2001〕39号，计价格〔2002〕2632号，财预〔2003〕470号，发改价格〔2005〕87号
171. 俱乐部运动员转会手续费	同上
172. 段位考评认定费	财综〔2001〕39号，计价格〔2002〕2632号，财预〔2003〕470号，财综〔2004〕28号，发改价格〔2005〕87号
173. 车手等级认定费	财综〔2001〕39号，计价格〔2002〕2632号，发改价格〔2005〕87号，财预〔2009〕79号
174. 比赛报名费	财综〔2001〕39号，计价格〔2002〕2632号，财预〔2003〕470号，发改价格〔2005〕87号
175. 考试考务费	
（1）体育特殊专业招生考试费	计价格〔2000〕1553号，财预〔2009〕79号
（2）体育特殊专业招生考试考务费	计价格〔2000〕1553号，财预〔2009〕79号
176. 运动马匹注册费	财综〔2007〕43号，发改价格〔2011〕2318号
177. 考试考务费	
（1）统计专业技术资格考试考务费	计价格〔2002〕964号，财预〔2002〕584号
（2）统计专业技术资格考试费	计价格〔2002〕964号，财预〔2002〕584号
178. 统计人员岗位培训费	财规〔2000〕45号，财预〔2009〕79号

续表

收费项目	收费及资金管理文件依据
179. 森林植物检疫费	价费字〔1992〕196号,财预〔2000〕127号
180. 绿化费	价费字〔1992〕196号,财预〔2000〕127号
181. 陆生野生动物资源保护管理费	林护字〔1992〕72号,计价格〔1999〕1707号,计价费〔1997〕2500号,财预〔2000〕127号,计价格〔2002〕599号,财综〔2011〕9号
182. 林权勘测费	财综〔2001〕43号,计价格〔2001〕1998号
183. 植物新品种保护权收费	财综字〔1998〕160号,财预〔2000〕127号,发改价格〔2007〕1968号
184. 林权证工本费	财综〔2001〕43号,计价格〔2001〕1998号
185. 林地补偿费	价费字〔1992〕196号
186. 进口药品注册审批费	计价格〔1995〕340号,财综字〔1999〕5号,财预〔2000〕127号
187. GMP认证费	价费字〔1992〕534号,财预〔2000〕127号,财综〔2003〕83号,发改价格〔2004〕59号
188. GSP认证费	财综〔2003〕83号,发改价格〔2004〕59号
189. 已生产药品登记费	计价格〔1995〕340号,财综字〔1999〕5号,财预〔2002〕584号
190. 药品行政保护费	价费字〔1993〕143号,《药品行政保护条例》及细则
191. 生产药典、标准品种审批费	财预〔2000〕127号,计价格〔1995〕340号
192. 中药品种保护费	价费字〔1993〕178号,财综字〔1999〕5号,财预〔2000〕127号
193. 新药审批费	财综字〔1999〕5号,计价格〔1995〕340号,财预〔2000〕127号
194. 新药开发评审费	价费字〔1992〕534号,财预〔2003〕470号
195. 药品检验费	发改价格〔2003〕213号,财预〔2009〕79号
196. 医疗器械、制药机械检验费	价费字〔1992〕534号,财预〔2009〕79号
197. 登记费	
(1) 麻醉药品进出口许可证登记费	计价格〔1995〕340号,财预〔2002〕584号
(2) 精神药物进出口许可证登记费	同上
198. 专利收费	财预〔2000〕127号,计价格〔2000〕2441号,计价格〔2002〕185号,发改价格〔2009〕364号

第三章　我国现行行政事业性收费制度的基本内容及其主要问题

续表

收费项目	收费及资金管理文件依据
199. 专利代理人资格考试费	财预〔2002〕584号，发改价格〔2010〕1258号
200. 集成电路布图设计保护收费	财综〔2002〕79号，发改价格〔2003〕85号
（1）布图设计登记	
（2）布图设计登记复审请求	
（3）著录事项变更手续	
（4）延长期限请求	
（5）恢复布图设计登记权利请求	
（6）非自愿许可使用布图设计请求	
（7）非自愿许可使用布图设计支付报酬裁决	
201. 入境签证费	价费字〔1992〕132号，财预字〔1994〕27号
202. 证照费	
（1）星级标牌（含星级证书费）	价费字〔1992〕132号，财预〔2003〕470号
（2）A级旅游景区标牌（含证书）	财综〔2005〕50号，发改价格〔2006〕83号
（3）工农业旅游示范点标牌（含证书）	财综〔2005〕50号，发改价格〔2006〕83号
203. 考试考务费	
（1）导游人员资格考试费	财综〔2006〕31号，发改价格〔2010〕915号
（2）中、高级导游人员等级考核费	财综〔2006〕31号，发改价格〔2010〕915号
（3）中、高级导游人员等级考核考务费	财综〔2006〕31号，发改价格〔2010〕915号
（4）特级导游人员等级考核	财综〔2006〕31号，发改价格〔2010〕915号
204. 清真食品认证费	财综字〔2000〕60号，计价格〔2000〕1174号，财预〔2002〕584号
205. 考试考务费	
（1）会计从业资格考试费	财综字〔1999〕4号，计价格〔1999〕465号，计价格〔2002〕1575号，财预〔2002〕584号
（2）工人技术等级鉴定考核费	发改价格〔2003〕1447号
206. 往来香港澳门特别行政区通行证工本费及签注费	财综〔2004〕14号
207. 派驻香港澳门身份证工本费	同上
208. 机构监管费	财综〔2004〕35号，财综〔2004〕61号，发改价格〔2004〕1663号，财综〔2007〕66号，财综〔2010〕60号，发改价格〔2010〕2095号

续表

收费项目	收费及资金管理文件依据
209. 业务监管费（含协会）	同上
210. 证券市场监管费	财综字〔1995〕146号，财预〔2002〕584号，财库〔2002〕46号，发改价格〔2006〕2437号，发改价格〔2010〕996号
（1）证券交易监管	
（2）机构监管	
211. 期货市场监管费	同上
212. 证券、期货从业人员资格报名考试费	财综字〔1999〕143号，财库〔2002〕46号，财预〔2002〕584号，财综〔2004〕91号，发改价格〔2010〕996号
213. 保险业务监管费	财综字〔1999〕123号，财综〔2001〕86号，财预〔2002〕584号，发改价格〔2012〕3228号
214. 考试考务费	
（1）精算师资格考试费	财规〔2000〕37号，计价格〔2000〕2313号，财预〔2002〕584号，发改价格〔2005〕366号
（2）保险中介人资格考试费	财规〔2000〕37号，计价格〔2000〕2313号，财预〔2002〕584号
215. 烟草制品及原辅材料检验费	价费字〔1992〕187号，财预〔2003〕470号
216. 考试考务费	
（1）出国培训备选人员外语考试考务费	财综〔2002〕83号，财预〔2003〕470号，发改价格〔2004〕672号
（2）出国培训备选人员外语考试费	财综〔2002〕83号，财预〔2003〕470号，发改价格〔2004〕672号
217. 海洋废弃物收费	财预〔2002〕584号，发改价格〔2008〕1927号
（1）倾倒	
（2）海洋废弃物检测	
218. 海洋工程污水排污费	财综〔2003〕2号，四部委令第31号
219. 测绘成果成图资料收费	价费字〔1992〕176号
220. 测绘产品质量监督检验费	同上
221. 测绘仪器检测收费	同上

第三章 我国现行行政事业性收费制度的基本内容及其主要问题

续表

收费项目	收费及资金管理文件依据
222. 档案收费	价费字〔1992〕130 号，财预〔2003〕470 号
223. 保密证表包装材料费	国保〔1991〕48 号，财预〔2003〕470 号
224. 考试考务费	
（1）翻译专业资格（水平）考试考务费	发改价格〔2006〕2308 号，发改价格〔2009〕1586 号
（2）翻译专业资格（水平）考试费	发改价格〔2006〕2308 号，发改价格〔2009〕1586 号
225. 证照费	
（1）货物原产地证明书费	价费字〔1992〕236 号，发改价格〔2004〕2839 号，财预〔2009〕79 号，财综〔2011〕11 号，财综〔2011〕17 号
（2）ATA 单证册收费	财综字〔1995〕162 号，计价费〔1996〕378 号，财预〔2009〕79 号，财综〔2011〕11 号
226. 仲裁收费	国办发〔1995〕44 号，财预〔2009〕79 号，财综〔2010〕19 号
（1）案件受理	
（2）案件处理	
227. 造血干细胞配型费	财综〔2007〕73 号，红总函〔2008〕14 号，发改价格〔2010〕1326 号
228. 政府信息公开收费	财综〔2008〕44 号，发改价格〔2008〕1828 号
（1）检索费	
（2）复制费	
（3）邮寄费	

从表 3-2 中我们可以看出，在所列的 228 项行政事业性收费项目内，有明确法律依据的只有《土地管理法》。其中，国土资源部门征收的土地复垦费、土地闲置费、耕地开垦费所依据的是《土地管理法》的有关规定。有明确行政法规依据只有国务院第 150 号令、国务院第 357 号令、国务院第 369 号令、国务院第 481 号令。其中，交通部门征收的车辆通行费所依据的是《收费公路条例》的有关规定。工商部门征收的企业注册登记费、个体工商户注册登记费所依据的是《公司登记条例》、《企业法人登记管理条例》的有关规定。食品药品监督部门征收的药品行政保护费所依据

的是《药品行政保护条例》的有关规定。其余大部分收费项目所依据的都是财政部、国家发展改革委制定的规范性文件。

综上所述,目前,行政事业性收费项目的设立依据可以分为以下四种情况。

(1)法律规定行政事业性收费。法律规定行政事业性收费项目,具体收费标准授权国务院或国务院有关部门制定;或者法律要求按有关规定收费,但未授权有关机关制定具体办法。如《专利法》第七十五条规定:"向国务院专利行政部门申请专利和办理其他手续,应当按照规定缴纳费用。"

(2)行政法规规定行政事业性收费项目,收费标准授权有关主管部门制定。如《计算机软件保护条例》第七条规定:"办理软件登记应当缴纳费用。软件登记的收费标准由国务院著作权行政管理部门会同国务院价格主管部门规定。"

(3)部门规章规定行政事业性收费。一是根据行政法规的原则规定设立行政收费。如《排污费征收使用管理条例》规定,直接排放污染物的单位和个体工商户,应当缴纳排污费。《排污费收费标准管理办法》则具体规定了排污收费的项目、标准及计算方法等。二是直接规定收费项目、标准和收费方法。如《内河航道养护费征收和使用办法》具体规定了航道养护费的收费项目、标准、征收方式等。

(4)部门规范性文件规定行政事业性收费。如财政部《关于批准收取机动车登记证书工本费和机动车抵押登记费的复函》中规定,各级公安机关交通管理部门的车辆管理所在办理机动车登记时,向机动车所有权人收取机动车登记证书工本费;在办理机动车抵押登记时,向抵押人收取机动车抵押登记费。

在已有的涉及行政事业性收费的法律中存在以下一些问题:一是未规定收费单位。如《商标法》第七十二条规定:"申请商标注册和办理其他商标事宜的,应当缴纳费用,具体收费标准另定。"二是未规定收费对象和范围。如《职业病防治法》第三十六条第一款规定:"对从事接触职业

第三章 我国现行行政事业性收费制度的基本内容及其主要问题

病危害的作业的劳动者，用人单位应当按照国务院安全生产监督管理部门、卫生行政部门的规定组织上岗前、在岗期间和离岗时的职业健康检查，并将检查结果书面告知劳动者。职业健康检查费用由用人单位承担。"三是收费标准规定得不明确。如《道路交通安全法》第十三条第五款规定："机动车安全技术检验机构对机动车检验收取费用，应当严格执行国务院价格主管部门核定的收费标准。"四是有关收费期限的规定比较原则。如《公路法》第六十条第一款规定："县级以上地方人民政府交通主管部门利用贷款或者集资建成的收费公路的收费期限，按照收费偿还贷款、集资款的原则，由省、自治区、直辖市人民政府依照国务院交通主管部门的规定确定。"五是基本没有关于收费方式，减征、免征、缓征，行政事业性收费收入管理等的规定。

在有关行政事业性收费的行政法规中发现的主要问题是：对收费标准，减征、免征、缓征，行政事业性收费收入管理等的规定比较原则。如《对外合作开采海洋石油资源条例》第十条规定："参与合作开采海洋石油资源的中国企业、外国企业，都应当依法纳税，缴纳矿区使用费。"《民用航空器权利登记条例》第十九条规定："申请人办理民用航空器权利登记，应当缴纳登记费。登记费的收费标准由国务院民用航空主管部门会同国务院价格主管部门制定。"

2. 省级政府行政事业性收费项目的设立依据

表3-3是《2011年浙江省行政事业性收费项目和收费标准目录》中的部分内容，从中可以管窥各地设立行政事业性收费项目的情况。

表3-3　2011年浙江省行政事业性收费项目和收费标准目录（部分）

收费项目名称	收费依据
外办	
护照费	财综〔2012〕47号。价费字〔1992〕198号，计价格〔1999〕466号
护照	浙价费〔2012〕187号
护照加急	浙价费〔2012〕187号

续表

收费项目名称	收费依据
领事认证费	财综〔2012〕47号,计价格〔1999〕466号
商业文件认证费	
民事类证书	
认证加急费	
往来香港澳门特别行政区通行证工本费及签注费	财综〔2004〕14号
《往来香港澳门特别行政区通行证》工本费（2年有效期）	
前往香港或澳门一次有效签注	
前往香港或澳门一年内多次有效签注	
物价	
行政事业收费年审费	财综〔1993〕70号,浙价费〔1993〕21号
教育	
幼儿园保教费	发改价格〔2011〕3207号,浙价费〔2005〕204号
义务教育阶段学校住宿费（城市）	浙教计〔2006〕124号,浙教计〔2007〕72号,浙教计〔2010〕15号
普通高中学费	
学费	财综〔2012〕47号,教财〔2003〕4号,浙价费〔1999〕119号,浙价费〔2003〕43号,浙教计〔2007〕72号
择校费	财综〔2012〕47号,教财〔2003〕4号,浙价费〔2003〕43号,浙价费〔2004〕139号,浙教计〔2006〕124号,浙教计〔2007〕72号,浙价费〔2009〕161号,浙价费〔2009〕287号,浙教监〔2011〕96号
普通高中住宿费	财综〔2012〕47号,教财〔2003〕4号,浙价费〔1999〕119号、浙价费〔2003〕43号,浙教计〔2007〕72号
中等职业学校学费	
中等职业技术学校学费	财综〔2012〕47号,教财〔2003〕4号,浙政发〔2001〕35号、浙价法〔2010〕239号
成人中专、普通中专举办的成人教育	财综〔2012〕47号,浙价费〔2001〕163号

第三章　我国现行行政事业性收费制度的基本内容及其主要问题

续表

收费项目名称	收费依据
中等职业学校住宿费	财综〔2012〕47号，教财〔2003〕4号。浙政发〔2001〕35号、浙价法〔2010〕239号
高等学校学费	
高等职业技术教育学费	财综〔2012〕47号，浙财综〔1999〕63号、浙价费〔1999〕247号，浙教计〔2006〕124号，浙委〔2007〕52号
普通高校本、专科学费	
（1）普通（非艺术类）专业	财综〔2012〕47号，浙财综〔2000〕67号、浙价费〔2000〕222号，浙教计〔2006〕124号，浙委〔2007〕52号
（2）艺术类专业	财综〔2012〕47号，浙价费〔1999〕248号、浙价费〔1999〕250号、浙价费〔2000〕222号
（3）学分制收费	财综〔2012〕47号，浙价费〔2005〕283号、浙价费〔2009〕161号、浙价费〔2009〕292号
（4）浙江警察学院	财综〔2012〕47号，浙价费〔2007〕205号
浙江大学软件学院学费	财综〔2012〕47号，浙价费〔2003〕261号
自费来华留学生收费	财综〔2012〕47号，浙财综〔1998〕52号、浙价费〔1998〕137号，教外来〔1998〕7号
高等学校住宿费	财综〔2012〕47号，浙价费〔1999〕247号、浙财综〔1999〕63号、浙价费〔2000〕311号、浙教计〔2002〕152号，浙教计〔2007〕72号
高等学校委托培养费	
中国美院研究生	财综〔2012〕47号，浙价费〔2002〕85号
其他学校研究生	财综〔2012〕47号，浙教计〔2002〕152号
函大、电大、夜大收费	
成人教育学费	
（1）脱产班	
工科、医药、体育类专业	财综〔2012〕47号，浙价费〔2001〕163号
文理科、农林水、财经、政法及其他类专业	财综〔2012〕47号，浙价费〔2001〕163号
浙江大学	财综〔2012〕47号，浙价费〔2001〕270号
（2）业余班	

续表

收费项目名称	收费依据
工科、医药、体育类专业	财综〔2012〕47号,浙价费〔2001〕163号
文理科、农林水、财经、政法及其他类专业	财综〔2012〕47号,浙价费〔2001〕163号
浙江大学文理、农林水、财经、政法类专业（本科）	财综〔2012〕47号,浙价费〔2001〕270号
（3）艺术类	财综〔2012〕47号,浙价费〔2001〕163号
（4）各类成人高校招收的纳入普通高校招生计划	财综〔2012〕47号,浙价费〔2001〕163号
现代远程教育学费	财综〔2012〕47号,浙财综〔1999〕127号、浙价费〔1999〕382号
成人教育住宿费	财综〔2012〕47号,浙财综〔1999〕63号、浙价费〔1999〕247号,浙价费〔2000〕311号、浙教计〔2002〕152号
电大成人教育学费	财综〔2012〕47号,浙价费〔2001〕163号
电大住宿费	财综〔2012〕47号,浙财综〔1999〕63号、浙价费〔1999〕247号,浙价费〔2000〕311号、浙教计〔2002〕152号
电大在籍遗留生补学分考试	财综〔2012〕47号,财综〔1997〕112号、浙价费〔1997〕340号
电大开放教育收费	财综〔2012〕47号,浙价费〔2001〕271号
（1）注册费	
（2）学费	
（3）重修考试费	
自学考试收费	
研究生学历报名考务费	财综〔2012〕47号,浙价费〔2004〕225号
其他学历报名考务费	同上
课程实践性环节考核收费	财综〔2012〕47号,浙价费〔2006〕137号
课程性专门技能考核收费	同上
毕业环节综合考核费	同上
学位审定费	同上
自学考试IC卡准考证	财综〔2012〕47号,浙财综字〔2004〕23号、浙价费〔2004〕62号

第三章 我国现行行政事业性收费制度的基本内容及其主要问题

续表

收费项目名称	收费依据
自学考试学历教育毕业生审定费	财综〔2012〕47号，浙价费〔2006〕137号
非学历教育毕业生审定费	财综〔2012〕47号，浙价费〔2006〕137号
实践环节考核报名费	财综〔2012〕47号，浙价费〔2006〕137号
中外合作办学收费	浙教计〔2006〕124号
普通高校招生体检费	浙价费〔2006〕74号
招生电子档案制作费	浙财综字〔2002〕97号、浙价费〔2002〕160号
考试考务费	
普通高中会考收费	财综〔1997〕7号、浙价费〔1997〕34号
（1）考试费	
（2）补考费	
（3）实验操作、劳动技术考查费	
社会青年、中等职业技术学校学生普通高中会考报名考务费	浙财综〔2000〕35号、浙价费〔2000〕125号
研究生招生报名考试费	财综〔2012〕47号，浙价费〔2001〕172号
普通高校招生考试费	财综〔2012〕47号，浙价费〔2005〕17号、浙价费〔2008〕185号、浙价费〔2009〕312号、浙价费〔2009〕327号、浙价费〔2010〕22号、浙价费〔2010〕30号、浙价费〔2010〕355号、浙价费〔2011〕237号、浙价费〔2012〕39号
高中阶段学校招生考试费	浙价费〔2002〕138号
（1）普通中专和成人中专、普通高中和职业高中、技校招生考试费	
（2）体育、艺术类学校及杭州外国语学校单独组织的专业招生考试费	
成人高考报名考务费	财综〔2012〕47号，浙价费〔2005〕222号
中英合作开设的商务管理专业（剑桥高级商务管理与自学考试专科双证书）报名考务费	财综〔2012〕47号，浙财综〔1999〕122号、浙价费〔1999〕455号
中英合作开设的金融管理专业（剑桥高级金融管理与自学考试专科双证书）报名考务费	同上
中学学科奥林匹克竞赛参赛费	浙财综〔1998〕88号、浙价费〔1998〕224号
计算机等级考试报名考务费	
（1）自学考试	财综〔2012〕47号，浙财综〔1999〕122号、浙价费〔1999〕455号

续表

收费项目名称	收费依据
（2）高校非计算机专业	财综〔2012〕47号，浙价费〔2010〕331号
申请硕士学位考试费	
（1）在职人员攻读专业学位考试报名考试费	财综〔2012〕47号，发改价格〔2004〕2839号，浙价费〔2004〕347号
（2）同等学历申请硕士学位水平全国统一考试报名考试费	财综〔2012〕47号，计价格〔2000〕545号
大学英语等级考试报名考务费	财综〔2012〕47号，浙价费〔2010〕331号
普通话水平测试费	财综〔2012〕47号，浙价费〔2001〕74号
中学生（高中应届毕业生）艺术特长水平测试报名考务费	浙财综〔1999〕25号、浙价费〔1999〕42号
公共英语等级考试报名考务费	财综〔2012〕47号，浙财综〔1999〕122号、浙价费〔1999〕455号
剑桥少儿英语报名考务费	财综〔2012〕47号，浙财综〔1999〕122号、浙价费〔1999〕455号
民办高等教育学历文凭考试报名费	财综〔2012〕47号，浙财综〔1998〕116号、浙价费〔1998〕329号
浙江大学远程教育报名考试费	浙财综字〔2005〕46号
浙江警察学院体能测试费	浙价费〔2005〕35号
教师资格考试费	财综〔2006〕34号，发改价格〔2006〕2221号，浙价费〔2009〕46号
科技	
专利纠纷案件收费	财综〔1995〕40号、浙价费〔1995〕109号
案件受理费	
案件处理费	
计算机软件专业技术资格和水平考试费	财综〔2012〕47号，浙价费〔2010〕258号
公安	
证照费	
外国人证件费	财综〔2012〕47号，价费字〔1992〕240号，公通字〔2000〕99号
（1）居留许可	财综〔2004〕60号，发改价格〔2004〕2230号。浙财综字〔2005〕4号、浙价费〔2005〕20号

第三章 我国现行行政事业性收费制度的基本内容及其主要问题

续表

收费项目名称	收费依据
（2）外国人永久居留申请费	财综〔2004〕32号、发改价格〔2004〕1267号、浙财综字〔2004〕146号
（3）永久居留证	财综〔2004〕32号、发改价格〔2004〕1267号、浙财综字〔2004〕146号
（4）出入境证	财综〔2012〕47号、公通字〔1996〕89号
（5）旅行证	同上
（6）准迁证	同上
公民出入境证件费	财综〔2012〕47号，价费字〔1992〕240号，价费字〔1993〕164号，公通字〔2000〕99号
（1）护照（含加注）	财综〔2012〕47号，计价格〔2000〕293号
（2）出入境通行证费	财综〔2008〕9号，价费字〔1993〕164号
（3）内地居民因私赴港签注收费	财综〔2012〕47号，计价格〔2002〕1097号，发改价格〔2005〕77号
（4）前往港澳通行证工本费	财综〔2012〕47号，计价格〔2002〕1097号
（5）往来港澳通行证工本费	财综〔2012〕47号，价费字〔1993〕164号、计价格〔2002〕1097号
（6）台湾居民往来大陆通行证（含签注）	财综〔2005〕58号。发改价格〔2004〕334号，发改价格〔2005〕1460号
（7）台湾同胞定居证	财综〔2012〕47号，价费字〔1993〕164号，发改价格〔2004〕2839号
（8）华侨回国定居证	财综〔2012〕47号，价费字〔1993〕164号，发改价格〔2004〕2839号
（9）大陆居民往来台湾通行证（含签注）	财综〔2012〕47号，价费字〔1993〕164号，计价格〔2001〕1835号
户籍管理证件工本费	财综〔2012〕47号，价费字〔1992〕240号
（1）户口簿	财综〔2012〕47号，浙价发〔1994〕98号，浙价费〔1991〕81号
（2）户口迁移证件	财综〔2012〕47号，浙财综字〔2006〕114号
第二代居民身份证工本费	财综〔2004〕8号，财综〔2007〕34号。发改价格〔2003〕2322号，浙价费〔2004〕64号
机动车号牌工本费	财综〔2012〕47号，发改价格〔2004〕2831号，浙价费〔2006〕73号

续表

收费项目名称	收费依据
(1) 号牌（含临时）	
(2) 单独补发号牌专用固封装置	
(3) 号牌架	
机动车行驶证工本费	
(1) 机动车行驶证	财综〔2012〕47号，发改价格〔2004〕2831号，浙价费〔2006〕73号
(2)《临时入境机动车号牌和行驶证》工本费	财综〔2008〕36号、发改价格〔2008〕1575号
机动车登记证书工本费	财综〔2012〕47号，发改价格〔2004〕2831号，浙价费〔2006〕73号
驾驶证工本费	
(1) 驾驶证工本费	财综〔2012〕47号，发改价格〔2004〕2831号，浙价费〔2006〕73号
(2)《临时机动车驾驶许可》工本费	财综〔2008〕36号、发改价格〔2008〕1575号
非机动车补牌证费	浙财综字〔2006〕114号、浙政发〔2008〕66号
《杭州机场控制区通行证》工本费	浙财综〔1999〕108号、浙价费〔1999〕438号
机动车安全技术检验费	财综〔2012〕47号，发改价格〔2004〕2831号，浙价费〔2006〕73号
汽车安全技术检验费	
摩托车、三轮货车、低速货车安全技术检验费	
驾驶许可考试费	
驾驶许可考试费	财综〔2012〕47号，发改价格〔2004〕2831号。浙价费〔2006〕73号，浙价费〔2010〕15号
机动车驾驶员道路交通安全教育培训费	浙价费〔2006〕318号
口岸以外边防检查监护费	财综〔2012〕47号，价费字〔1992〕240号，计价格〔2001〕523号
外国人签证费	财综〔2012〕47号，价费字〔1992〕240号，公通字〔2000〕99号，计价格〔2003〕392号
非对等国家签证人民币收费	
非对等国家签证外币收费	

第三章　我国现行行政事业性收费制度的基本内容及其主要问题

续表

收费项目名称	收费依据
按国别对等收费的国家及收费	
中国国籍申请手续费（含证书费）	财综〔2012〕47号，公通字〔1996〕89号
戒毒人员戒毒费	浙财综字〔2005〕65号、浙价费〔2006〕17号
被收容教育人员生活费	浙财综字〔2005〕65号、浙价费〔2006〕17号
保安员资格考试费	财综〔2011〕60号、发改价格〔2011〕2333号。浙价费〔2012〕51号
职业技能鉴定费	
消防行业特有工种职业技能鉴定费	财综〔2011〕59号。浙价费〔2012〕188号
民政	
婚姻登记证书工本费	财综〔2012〕47号，浙财综字〔2007〕42号。价费字〔1992〕249号，浙价费〔2001〕237号
殡葬收费	财综〔2012〕47号，价费字〔1992〕249号。浙价费〔2007〕202号
火化费	
接尸费	
收养登记费	财综〔2012〕47号，价费字〔1992〕349号。浙价费〔2001〕237号
收养申请手续费	
收养证工本费	
收养登记调查费	
解除收养关系登记费	浙价费联〔1992〕127号，价费字〔1992〕349号
收养弃婴收费	浙价费〔1991〕91号
司法	
公证费（限于行政机关）	财综〔2012〕47号，财综〔2001〕94号。浙价费〔1998〕506号，浙财综字〔2002〕1号
外国律师事务所办事处申请手续费	财综〔2012〕47号，价费字〔1992〕618号
外国律师事务所办事处年检费	财综〔2012〕47号，价费字〔1992〕618号
考试考务费	
司法考试费	财综〔2002〕6号，计价格〔2002〕154号。浙价费〔2006〕162号
基层法律服务工作者执业资格考试费	浙价费〔2000〕253号

续表

收费项目名称	收费依据
财政	
财政票据工本费	财综〔2012〕47号,浙价费〔2004〕294号
考试考务费	
注册会计师考试考务费	财综〔2012〕47号,计价格〔2001〕527号。浙价费〔2001〕451号
会计专业技术资格考试考务费	财综〔2012〕47号,浙财综字〔2000〕19号、浙价费〔2000〕440号,浙价费〔2003〕203号。计价格〔2000〕1567号
会计从业资格考试费	财综〔2012〕47号,计价格〔2002〕1575号。浙价费〔2001〕287号
注册资产评估师考试报名考务费	财综〔2012〕47号,发改价格〔2004〕1108号。浙价费〔2003〕32号
会计电算化初级知识考试费	财综〔1996〕173号、浙价费〔1996〕453号
人力社保	
保存人事关系、档案收费	财综〔2012〕47号,价费字〔1992〕253号
考试考务费	
专业技术人员职称外语等级考试	财综〔2012〕47号,发改价格〔2004〕1108号。浙价费〔2004〕253号
经济专业技术资格考试	同上
价格鉴证师执业资格考试	同上
监理工程师执业资格考试	同上
造价工程师执业资格考试	同上
注册税务师执业资格考试	同上
执业药师(中药师)资格考试	同上
国际商务师执业资格考试	同上
外销员从业资格考试	同上
土地登记代理人员职业资格考试	同上
翻译专业资格(水平)考试	财综〔2012〕47号,发改价格〔2009〕1586号,浙价费〔2004〕228号
审计专业技术资格考试	财综〔2012〕47号,计价格〔2002〕97号,浙价费〔2004〕253号

第三章　我国现行行政事业性收费制度的基本内容及其主要问题

续表

收费项目名称	收费依据
注册建造师（一级）执业资格考试	财综〔2012〕47号，发改价格〔2007〕1467号。浙价费〔2004〕253号
注册咨询工程师（投资）执业资格考试费	财综〔2012〕47号，计价格〔2002〕1698号。浙价费〔2004〕253号
注册安全工程师执业资格考试	财综〔2012〕47号，发改价格〔2007〕2016号。浙价费〔2004〕253号
质量专业技术人员职业资格考试	财综〔2012〕47号，计价格〔2001〕1969号。浙价费〔2004〕253号
企业法律顾问执业资格考试	财综〔2012〕47号，发改价格〔2004〕1108号。浙价费〔2004〕253号
出版专业技术人员职业资格考试	财综〔2012〕47号，计价格〔2002〕1698号。浙价费〔2004〕253号
房地产估价师考试	浙财综字〔2006〕141号。计办价格〔2000〕839号
房地产经纪人执业资格考试	财综〔2012〕47号，计价格〔2002〕2546号。浙价费〔2004〕253号
注册设备监理师执业资格考试	财综〔2012〕47号，发改价格〔2007〕2016号。浙价费〔2004〕253号
公务员录用考试	浙价费〔2004〕14号
全国专业技术人员计算机应用能力考试	财综〔2012〕47号，计价格〔2001〕1969号。浙价费〔2002〕207号
注册公用设备工程师执业资格考试	财综〔2012〕47号，发改价格〔2009〕1003号。浙价费〔2004〕253号
注册电气工程师执业资格考试	同上
注册化工工程师执业资格考试	同上
注册土木工程师（港口与航道工程）执业资格考试	同上
房地产经纪人协理从业资格考试	浙价费〔2006〕115号
二级建造师执业资格考试	浙价费〔2006〕115号
药学专业初、中级专业技术资格考试	浙价费〔2006〕115号
投资建设项目管理师职业水平考试	财综〔2012〕47号，发改价格〔2008〕2666号。浙价费〔2004〕253号

续表

收费项目名称	收费依据
省计算机应用能力考核收费	浙财综字〔2006〕141号
外语水平等级考核费	浙价费〔2000〕103号
助理社会工作师职业水平考试	财综〔2012〕47号,发改价格〔2010〕573号。浙价费〔2004〕253号
社会工作师职业水平考试	同上
医疗器械行业初、中级专业技术资格考试	浙价费〔2008〕171号
注册环保工程师执业资格考试	财综〔2012〕47号,发改价格〔2009〕2599号。浙价费〔2004〕253号
注册土木工程师（水利水电工程）执业资格考试	同上
事业单位公开招聘人员考试考务费	浙财综字〔2007〕7号
档案系列专业技术资格考试费	浙价费〔2009〕203号,浙价费〔2012〕211号
招标师职业水平考试	财综〔2012〕47号,发改价格〔2009〕633号、浙价费〔2004〕253号
物业管理师资格考试	财综〔2012〕47号,发改价格〔2009〕767号、浙价费〔2004〕253号
管理咨询师职业水平考试	财综〔2012〕47号,发改价格〔2009〕3059号。浙价费〔2004〕253号
职工伤残医务劳动鉴定费	浙价费〔2001〕159号
医疗保险IC卡遗失补发工本费	浙价费〔2001〕273号,浙价费〔2004〕230号
职业技能鉴定费	财综〔2012〕47号、发改价格〔2012〕328号。浙价费〔2002〕230号
国土	
征（土）地管理费	财综〔2012〕47号,价费字〔1992〕597号,计物价〔1993〕1744号,计价费〔1997〕2257号。浙政发〔1988〕83号,浙价房〔1995〕384号,浙价房〔1996〕431号。浙政发〔2009〕48号
土地登记费	财综〔2012〕47号,国土（籍）字〔1990〕93号
土地权属调查、地籍测绘费（城市部分）	
土地登记证书工本费	财综〔2004〕5号。计价费〔1997〕2257号,计价格〔2001〕1734号

第三章 我国现行行政事业性收费制度的基本内容及其主要问题

续表

收费项目名称	收费依据
耕地开垦费	财综〔2012〕47号,《土地管理法》。浙改发〔2008〕39号,浙政办发〔2011〕87号,浙委办〔2012〕55号
土地闲置费	财综〔2012〕47号,《土地管理法》、国发〔2008〕3号,浙政办发〔2011〕87号、浙政发〔2008〕3号
土地复垦费	财综〔2012〕47号,《土地管理法》。浙政办发〔2011〕87号,《浙江省土地复垦办法》(省政府1993年第33号令),浙政令〔2010〕284号
矿产资源勘查登记费	财综〔2012〕47号,价费字〔1992〕251号
采矿登记费	同上
矿产资源补偿费	财综〔2012〕47号,《矿产资源补偿费征收管理规定》(1994年国务院令第150号)。《浙江省矿产资源补偿费征收管理实施办法》(1995年省政府第59号令),浙政令〔2010〕284号
考试考务费	
土地估价师考试费	财综〔2012〕47号,发改价格〔2005〕147号。浙价费〔2004〕253号
建设	
房屋所有权登记费	财综〔2012〕47号,发改价格〔2008〕924号。浙价费〔2008〕250号,浙价费〔2010〕243号
房屋登记费	
房屋权属证书工本费	
风景名胜区维护管理费	《浙江省风景名胜区管理条例》
西湖养湖管理费	财综〔1993〕118号、浙价房联〔1993〕43号
溪口雪窦山风景名胜区维护管理费	财综〔1997〕95号、浙价费〔1997〕284号
白蚁预防费	财综〔2012〕47号,浙财综字〔2002〕85号,浙财综字〔2007〕12号,价费字〔1992〕179号,浙价费〔2005〕166号。《浙江省房屋建筑白蚁防治管理办法》(省政府令第201号)
城市道路占道、挖掘费	财综〔2012〕47号,建城〔1993〕410号。浙价费〔2007〕136号

续表

收费项目名称	收费依据
城市"四自"工程车辆通行费	浙政发〔1993〕159号、浙政发〔1996〕160号、浙政发〔1997〕72号。浙政发函〔2009〕9号。浙政办函〔2009〕94号。浙政函〔2012〕9号（宁波提前终止收费）、浙政函〔2012〕34号（温州于2011年12月31日前提前终止收费）、浙政函〔2012〕35号（嘉兴提前终止收费，终止收费的具体时间及实施方案由你市商省建设厅、省财政厅、省物价局确定后向社会公布）
城市易地绿化补偿费	省政府2005年第206号令。浙财综〔2000〕32号、浙价房〔2000〕142号
考试考务费	
城市规划师考试注册收费	财综字〔2000〕27号、计价格〔2000〕546号、计办价格〔2000〕839号。浙价费〔2004〕253号、浙财综字〔2005〕5号、浙政发〔2008〕75号
建设工程概预算编审人员资格考试考务费	浙财综〔2000〕30号。浙价费〔2010〕244号
建设工程质量监督人员资格考试考务费	浙财综〔1998〕136号、浙价房〔1998〕383号
注册建筑师（包括一、二级）考试注册收费	浙财综字〔2005〕5号。计办价格〔2000〕299号，浙价费〔2004〕253号，浙政发〔2008〕75号
注册结构工程师（包括一、二级）考试注册收费	同上
建筑施工企业专业管理人员岗位资格考试费	浙财综字〔2000〕25号、浙价费〔2011〕52号
工程建设监理工程师上岗考试费	浙价费〔2001〕410号
建筑施工企业"三类人员"考试费	浙价费〔2004〕280号
房地产估价师、造价工程师、监理工程师注册费	计办价格〔2000〕839号、浙政发〔2008〕75号
建筑施工特种作业人员岗位资格考试费	浙财综〔2011〕2号、浙价费〔2011〕52号
注册土木工程师（岩土）执业资格考试收费	财综〔2012〕47号、计价格〔2002〕2546号。浙价费〔2004〕253号、浙政发〔2008〕75号
铁路	
职业技能鉴定收费	
铁道行业职业技能鉴定收费	财综〔2012〕47号、浙价费〔2006〕72号
交通	
船舶登记费	财综〔2012〕47号，价费字〔1992〕191号

第三章 我国现行行政事业性收费制度的基本内容及其主要问题

续表

收费项目名称	收费依据
船舶所有权登记	
船舶临时登记	
船舶抵押登记	
船舶租赁登记	
船舶烟囱标志或公司旗注册（自愿申请）	
船舶更名或船籍港变更	
船舶登记项目变更	
船舶国籍证书	
废钢船登记	
车辆通行费（限于政府还贷）	财综〔2012〕47号，《收费公路条例》。浙政发〔1997〕72号
公路路产赔（补）偿费	浙价费〔2003〕17号
船舶港务费	财综〔2012〕47号，价费字〔1992〕191号。浙价费〔1994〕69号、浙价费〔2004〕334号。浙政发〔2008〕66号
油污水化验费	财综〔2012〕47号，价费字〔1992〕191号
海事调解费	财综〔2012〕47号，价费字〔1992〕191号，发改价格〔2004〕2839号。浙价费〔2004〕347号
船舶证明签证费	财综〔2012〕47号，价费字〔1992〕191号
海事声明签证	
《船舶残油接收处理证明》	
船舶最低安全配员证书	
特种船舶和水上水下工程护航费	财综〔2012〕47号，价费字〔1992〕191号，发改价格〔2004〕2839号。浙价费〔2004〕347号
船舶申请安全检查复查费	财综〔2012〕47号，价费字〔1992〕191号
浮油回收费	财综〔2012〕47号，价费字〔1992〕191号
海岸电台无线电电报电话费	财综〔2012〕47号，财综〔2004〕62号。价费字〔1992〕191号，交财发〔1993〕379号
货物港务费	浙价费〔1994〕69号，浙价费〔2004〕334号，浙价费〔2005〕199号。浙政发〔2008〕66号。交通部令2001年第11号、交通部令2005年第8号

续表

收费项目名称	收费依据
旅客港务费	浙财综字〔2006〕124 号
引航、移泊费	浙价费〔1994〕69 号。交通部令 2001 年第 11 号、交通部令 2005 年第 8 号
船舶及船用产品设施检验费	财综〔2012〕47 号，财综〔2003〕81 号，价费字〔1993〕17 号。浙价费〔1998〕405 号，浙政发〔2008〕66 号
船闸过闸费（限于政府投资的船闸）	浙财综〔2011〕62 号
	浙政办函〔2009〕49 号、浙政办函〔2011〕16 号
证照费	
驾驶培训教练员证工本费	浙财综字〔2005〕100 号
道路运输经营及相关业务经营许可证工本费	
（1）客、货运输企业经营许可证工本费	浙财综字〔2004〕88 号、浙价费〔2004〕331 号、浙政发〔2008〕66 号、浙财综字〔2006〕81 号（出租汽车免收）
（2）道路运输站（场）经营许可证工本费	同上
（3）机动车维修企业经营许可证工本费	同上
（4）机动车驾驶员培训许可证工本费	同上
（5）客运标志牌工本费	浙财综字〔2006〕15 号、浙价费〔2006〕189 号
（6）道路运输从业人员上岗证工本费	同上，浙财综字〔2006〕81 号（出租汽车免收）
车辆营运证工本费	
（1）客、货车道路运输证工本费	浙财综字〔2004〕88 号、浙价费〔2004〕331 号
（2）非营运性危险货物道路运输证工本费	同上
（3）教练车证工本费	同上
"四自"航道通行费（限于政府投资）	浙政办发〔2004〕105 号、浙政办函〔2005〕15 号、浙政发〔2008〕66 号、浙政办函〔2009〕49 号
考试考务费	
引航员考试费	财综〔2012〕47 号、计价格〔2001〕2717 号
磁罗经校正员考试费	同上
验船师考试费	同上
船员适任证书考试（含海船及内河船员）费	同上
营运驾驶员从业资格考试费	浙价费〔2002〕193 号、浙财综字〔2006〕81 号（出租汽车免收）

第三章 我国现行行政事业性收费制度的基本内容及其主要问题

续表

收费项目名称	收费依据
经信	
无线电频率占用费	财综〔2012〕47号，计价费〔1998〕218号，计价格〔2002〕605号，发改价格〔2004〕1945号，财建〔2002〕640号，发改价格〔2003〕2300号，发改价格〔2005〕2812号，发改价格〔2007〕3643号
无线电设备检测费	财综〔2012〕47号，计价费〔1998〕218号
职业技能鉴定收费	
花卉园艺工、果茶桑园艺工、果类产品加工工、茶叶加工工、蔬菜加工工、乳品加工工、食品检验工职业技能鉴定收费	财综〔2012〕47号，浙价费〔2005〕39号
水利	
水资源费	财综〔2012〕47号，《取水许可和水资源费征收管理条例》（国务院令第460号），财综〔2008〕79号。《浙江省水资源费征收管理办法》（省政府第236号令），浙财综字〔2009〕12号。浙价费〔2004〕209号，浙价费〔2010〕127号
占用农业灌溉水源及设施补偿费	财综〔2012〕47号，水政资〔1995〕457号。浙财农〔1998〕270号、浙价费〔1998〕519号
占用水域补偿费	浙价费〔2011〕331号
水土保持设施补偿费	财综〔2012〕47号，浙价费〔1997〕107号
水土流失防治费	财综〔2012〕47号，浙价费〔1997〕107号
河道采砂管理费	财综〔2012〕47号，价费字〔1992〕181号。浙价费〔1991〕105号，浙价发〔1993〕31号
河道工程修建维护管理费	财综〔2012〕47号，浙财综字〔2004〕14号。价费字〔1992〕181号，浙价费联〔1992〕51号
钱塘江辖区内河道取土管理费	浙价发〔1993〕31号
滩涂围垦资源使用费	浙价费〔1998〕437号
船舶过闸费（限于政府投资的船闸）	浙价费〔2001〕335号
	浙财综〔2012〕16号
	浙价费〔2008〕109号
农业	
农机监理费（含"九二"式拖拉机牌证费）	财综〔2012〕47号，发改价格〔2003〕2353号、发改价格〔2004〕2831号

续表

收费项目名称	收费依据
上道路运输作业拖拉机监理费	财综〔2012〕47号,浙价费〔2006〕147号
（1）拖拉机号牌工本费	
（2）号牌架	
（3）证件费	
（4）考试费	
（5）拖拉机安全技术检验费	
（6）拖拉机登记证书工本费	
纯农田作业拖拉机、收割机、农业工程机械监理收费	财综〔2012〕47号,浙价费〔2006〕147号
（1）号牌费	
（2）证件费	
（3）考试费	
（4）安全技术检验费	浙财综字〔2007〕8号
国内植物检疫费	
国内植物产地检疫费	财综〔2012〕47号,价费字〔1992〕452号,浙价费联〔1992〕1号
（1）粮谷类	
（2）经济作物类	
（3）水（瓜）果类	
国内植物调运检疫费	财综〔2012〕47号,价费字〔1992〕452号,计价费〔1997〕2500号。浙价费联〔1992〕1号
（1）粮谷类	
（2）经济作物类	
（3）水（瓜）果类	
畜禽及畜禽产品检疫费	财综〔2012〕47号,发改价格〔2011〕2021号。浙价费〔2011〕350号
检验检测费	
新饲料添加剂质量复核检验费	财综〔2012〕47号,价费字〔1992〕452号
农药实验费	财综〔2012〕47号,价费字〔1992〕452号
农药产品登记检测	财综〔2012〕47号,价费字〔1992〕496号,财综〔2011〕9号

第三章 我国现行行政事业性收费制度的基本内容及其主要问题

续表

收费项目名称	收费依据
职业技能鉴定费	
农村能源特有工种职业技能鉴定费	财综〔2012〕47号，浙价费〔2002〕272号
畜牧兽医特有工种职业技能鉴定费	同上
考试考务费	
执业兽医资格考试费	财综〔2012〕47号，财综〔2009〕71号。发改价格〔2009〕3104号，浙价费〔2012〕98号
文化	
借书证年度注册费	浙财综字〔2005〕72号
借书证遗失补证工本费	浙财综字〔2005〕72号
考古调查、勘探发掘费	浙价费〔1991〕95号，《文物保护法》、《浙江省文物保护条例》
卫生	
卫生监测费	财综〔2012〕47号，价费字〔1992〕314号，浙价费联〔1992〕131号
预防性体检费	
预防性体检费	财综〔2012〕47号，价费字〔1992〕314号，浙价费联〔1992〕131号
机动车驾驶员体检费	浙价费〔1999〕173号
干部职工健康体检费	浙财综字〔2009〕100号
预防接种劳务费	财综〔2012〕47号，价费字〔1992〕314号，浙价费联〔1992〕131号
医学诊断、鉴定费	
医疗事故技术鉴定费	财综〔2012〕47号，《医疗事故鉴定条例》。浙价费〔2002〕324号
职业病诊断费	浙财综字〔2007〕29号、浙价费〔2007〕152号。价费字〔1992〕314号
职业病鉴定费	同上
预防接种异常反应鉴定费	财综〔2012〕47号，财综〔2008〕70号。发改价格〔2008〕3295号。浙价费〔2009〕92号
考试考务费	
卫生专业技术资格考试费	财综〔2012〕47号，计价格〔2001〕2043号。浙价费〔2001〕443号

续表

收费项目名称	收费依据
医师资格考试费	财综〔2012〕47号,财综字〔1999〕176号,计价格〔1999〕2267号。浙价费〔2012〕207号
人口计生	
社会抚养费	财综〔2012〕47号,国务院令第357号。《浙江省人口与计划生育条例》
独生子女病残儿鉴定费	财综〔1997〕14号、浙价费〔1997〕67号
人防	
人防工程易地建设费	财综〔2012〕47号,中发〔2001〕9号、计价格〔2000〕474号。浙价费〔2004〕121号,浙政函〔2004〕136号,浙价费〔2005〕27号,浙政发〔2009〕48号
法院	
诉讼费	财综〔2012〕47号,《诉讼费用交纳办法》(国务院令第481号)。浙价费〔2007〕153号
机关事务	
党校	
函授学院办学收费	财综〔2012〕47号,浙价费〔2003〕176号
本专科入学报名考试费	
函授学院专科学费	
函授学院本科学费	
研究生收费	
在职研究生班入学报名考试费	财综〔2012〕47号,浙价费〔2001〕22号
在职研究生学费	财综〔2012〕47号,浙价费〔2003〕441号
税务	
税务发票工本费	
地税系统发票工本费	财综〔2012〕47号,浙财综〔1998〕145号、浙价费〔1998〕409号、浙价费〔2011〕400号
国税系统发票工本费	财综〔2012〕47号,发改价格〔2005〕1754号。浙价费〔2005〕30号
工商	
企业注册登记费	财综〔2012〕47号,价费字〔1992〕414号,计价格〔1999〕1707号,发改价格〔2004〕2839号,计价格〔1998〕1077号,国办发〔2004〕10号

第三章 我国现行行政事业性收费制度的基本内容及其主要问题

续表

收费项目名称	收费依据
开业注册登记	财综〔2011〕9号
变更登记	财综〔2011〕9号
年度检验	财综〔2011〕9号
补（换）证照	
个体工商户注册登记费	财综〔2012〕47号，价费字〔1992〕414号
开业登记费	
重新登记、换发营业执照	
变更登记费	
补（换）发营业执照	
质监	
组织机构代码证书收费	财综〔2012〕47号，浙财综字〔2005〕70号。发改价格〔2003〕82号，浙价费〔2003〕332号
组织机构代码证书工本费	
技术服务费	
组织机构代码证书IC卡工本费	
条形码检测费	浙价费联〔1992〕128号
计量收费	
计量标准考核、计量授权	财综〔2012〕47号，发改价格〔2008〕74号。浙价费〔2008〕66号
（1）计量授权证书费	
（2）社会公用计量标准证书费	
（3）计量授权考核费	
计量认证	财综〔2012〕47号，发改价格〔2008〕74号。浙价费〔2008〕66号
（1）计量认证（合格）证书费	
（2）计量认证费	
计量人员考核	财综〔2012〕47号，发改价格〔2008〕74号。浙价费〔2008〕66号
（1）计量考评员证书费	
（2）计量考评员考核费	
计量检定收费	财综〔2012〕47号，计价格〔2002〕1512号。浙价费〔2008〕333号，浙价费〔2010〕58号，浙政发〔2008〕66号

续表

收费项目名称	收费依据
产品质量监督检验收费	
产品质量监督检验费	财综〔2012〕47号、浙价费〔1989〕77号、浙价费联〔1992〕128号、价费字〔1992〕496号、浙价费联〔1993〕26号、浙价费联〔1994〕17号、浙价费〔1998〕501号、浙价费〔1999〕449号、浙价费〔2002〕95号、浙政发〔2008〕66号、浙价费〔2010〕205号、浙政发〔2008〕66号
特种设备检验收费	财综〔2012〕47号、浙价费〔2004〕165号、浙政发〔2008〕66号、浙价费〔2011〕249号
职业技能鉴定收费	
食品检验工、化学检验工、纺织纤维检验工、衡器计量检定工、衡器操作工、产品可靠性能检验工、产品安全性能检验工职业技能鉴定收费	财综〔2012〕47号、浙价费〔2003〕91号
考试考务费	
特种设备作业人员考试费	浙财综〔2011〕1号、浙价费〔2011〕69号
特种设备检验检测人员岗位资格考试费	浙财综〔2011〕1号、浙价费〔2011〕69号
环保	
排污收费	财综〔2012〕47号、财综〔2003〕38号,《排污费征收使用管理条例》（国务院令第369号）,《排污费征收标准管理办法》（国家计委、财政部、国家环保总局、国家经贸委令第31号）
污水排污	
废气排污	
固体废物及危险废物排污	
噪声超标排污	
广电	
普通话水平测试费（广电系统）	浙价费〔1998〕26号
考试考务费	
广播电视新闻采编等人员资格考试费	财综〔2012〕47号、财综〔2005〕33号、财综〔2008〕37号、发改价格〔2008〕1539号。浙价费〔2008〕249号
新闻出版	

第三章 我国现行行政事业性收费制度的基本内容及其主要问题

续表

收费项目名称	收费依据
印刷经营许可证工本费	浙财综字〔2002〕147号、浙价费〔2002〕273号
职业技能鉴定费	
图书发行员职业技能鉴定费	浙财综字〔2007〕100号。浙价费〔2002〕251号
印刷技工职业技能鉴定费	浙财综字〔2007〕100号。浙价费〔2003〕95号
体育	
水上救生员上岗考试收费	浙价费〔2001〕187号
职业技能鉴定费	
体育行业特有工种职业技能鉴定费	财综〔2012〕47号,浙价费〔2010〕173号
统计	
考试考务费	
统计专业资格考试报名考务费	财综〔2012〕47号,计价格〔2002〕964号,浙价费〔2000〕131号
统计从业资格考试费	浙价费〔2005〕197号
林业	
陆生野生动物资源保护管理费	财综〔2012〕47号,财综〔2011〕9号。林护字〔1992〕72号,计价费〔1997〕2500号,计价格〔1999〕1707号,计价格〔2002〕599号。浙价费〔1999〕158号,浙价费〔1999〕447号
野生动植物进出口管理费	财综〔2012〕47号,财综字〔2000〕75号、计价格〔2000〕1004号。价费字〔1992〕196号
森林植物检疫费	财综〔2012〕47号,价费字〔1992〕196号
绿化费	财综〔2012〕47号,财工〔1989〕269号,价费字〔1992〕196号
林权勘测费	财综〔2012〕47号,财综〔2001〕43号,计价格〔2001〕1998号。浙价费〔2002〕16号
药监	
药品审批费(生产药典及标准品种审批、新药审批)	财综〔2012〕47号,计价格〔1995〕340号,浙财综字〔2001〕29号,浙财综字〔2009〕100号
临床研究、人体观察初审费	
生产初审费	
技术转让、仿制初审费	
药品登记费	财综〔2012〕47号,浙财综字〔2001〕29号,计价格〔1995〕340号

续表

收费项目名称	收费依据
申请生产《药典》、《国家药品标准》收载品种登记费	
出口药品登记费	
中药品种保护费（初审费）	财综〔2012〕47号，浙财综字〔2001〕29号。价费字〔1993〕178号
药品检验费	财综〔2012〕47号，浙财综字〔2001〕29号，浙价费〔2003〕205号。发改价格〔2003〕213号
医疗器械、制药机械检验费	财综〔2012〕47号，浙财综字〔2001〕29号。价费字〔1992〕534号
GMP认证费	财综〔2012〕47号，财综〔2003〕83号。价费字〔1992〕534号，发改价格〔2004〕59号。浙价费〔2004〕75号
申请费	
审核费	
GSP认证费	财综〔2012〕47号，财综〔2003〕83号，发改价格〔2004〕59号。浙价费〔2004〕75号，浙价费〔2004〕147号
申请费	
审核费	
旅游	
证书工本费	
星级标牌（含星级证书费）	财综〔2012〕47号，价费字〔1992〕132号
考试考务费	
导游人员资格考试费	财综〔2012〕47号，浙价费〔2001〕301号
旅行社经理资格认证报名考试费	财综〔1997〕163号，浙价费〔1997〕379号
海洋渔业	
渔业资源增殖保护费	
海洋渔业资源增殖保护费（捕捞）	财综〔2012〕47号，浙财综字〔2003〕112号。价费字〔1992〕452号，计价格〔1994〕400号。浙价费〔1997〕322号，浙价费〔1999〕372号，浙价费〔2001〕355号，浙价费〔2008〕169号

第三章 我国现行行政事业性收费制度的基本内容及其主要问题

续表

收费项目名称	收费依据
淡水渔业资源增殖保护费（捕捞）	财综〔2012〕47号，浙财综字〔2003〕112号。价费字〔1992〕452号，计价格〔1994〕400号。浙价费〔1997〕322号
专项（特许）捕捞、收购、调运主要经济价值水产品渔业资源增殖保护费	浙价费〔1997〕322号、浙价费〔1999〕372号、浙价费〔2001〕355号
渔业资源赔偿费	浙价费联〔1992〕15号
海事调解费	财综〔2012〕47号，浙财综字〔2004〕1△号。价费字〔1992〕452号，发改价格〔2003〕2353号
海洋渔业船舶船员考试（发证）费	财综〔2012〕47号，价费字〔1992〕452号，计价格〔2001〕523号。浙价费〔2001〕355号
申请费	
考试费	
（1）远洋一、二等职务证书考试费	
（2）远洋三等职务证书考试费	
（3）外海及沿岸一、二等职务证书考试费	
（4）外海及沿岸三、四、五等职务证书考试费	
抽测、加考费与补考费	
审证费	
口试费	
实操费	
证书费	
特免证书费	
海员证书费	
"海上求生、海上急救、船舶消防、救生艇筏操纵"专业培训证书费	
合格证书费（包括大学本科、专科、中等专业学校毕业学生）	
补发证书费	
核查费	
翻译费	
渔业船舶登记或变更登记费	财综〔2012〕47号，计价费〔1997〕1143号。浙价费〔1997〕406号，浙价费〔2001〕355号

续表

收费项目名称	收费依据
国籍登记费	
变更登记费	
渔业船舶和船用产品检验费	财综〔2012〕47号,计价格〔2000〕559号。浙价费〔1994〕48号,浙价费〔2001〕355号
水生野生动物资源保护费	财综〔2012〕47号,财综〔2011〕9号。计价格〔2000〕393号,浙价费〔2002〕409号
海洋废弃物倾倒费	财综〔2012〕47号,发改价格〔2008〕1927号
职业技能鉴定费	
渔业行业特种工种职业技能鉴定费	财综〔2012〕47号,浙价费〔2011〕56号
测绘	
测绘成果成图资料收费	财综〔2012〕47号,价费字〔1992〕176号。浙价费〔2003〕96号
测绘产品质量监督检验费	财综〔2012〕47号,价费字〔1992〕176号
测绘仪器检测收费	财综〔2012〕47号,价费字〔1992〕176号
职业技能鉴定费	
测绘行业特有工种职业技能鉴定费	浙财综字〔2007〕100号。浙价费〔2002〕260号
贸促会	
证照费	
货物原产地证明书费	财综〔2012〕47号,财综〔2011〕17号,发改价格〔2004〕2839号。浙财综〔2011〕24号,浙财综〔2011〕49号,浙价费〔2004〕347号
ATA单证册收费	财综〔2012〕47号,财综〔2011〕17号,计价费〔1996〕378号。浙财综〔2011〕24号
(1) ATA单证册工本费	
(2) 出证手续费	
(3) 担保手续费	
(4) ATA单证册附加费	
农科院	
农产品及药肥测试鉴定费	浙价费〔1998〕404号
农产品及药肥试验推广费	同上
粮食	

第三章　我国现行行政事业性收费制度的基本内容及其主要问题

续表

收费项目名称	收费依据
职业技能鉴定收费	
粮油保管员、制米工、制粉工、制油工职业技能鉴定收费	财综〔2012〕47号，浙价费〔2008〕132号
粮油质量检验员职业技能鉴定收费	同上
其他	
评审推荐费	
专业技术职务评审推荐费	浙价费〔2002〕229号
技师、高级技师评审推荐费	浙价费〔1997〕108号
培训班收费	浙价费〔2006〕200号、浙价费〔2006〕201号
安监行政事业性收费	
考试考务费	
特种作业人员安全生产技术考试费	

资料来源：浙江省财政厅网站，《浙江省财政厅、浙江省物价局关于印发2011年浙江省行政事业性收费项目和收费标准目录的通知》。

从表3-3可见，浙江省的101项行政事业性收费项目中，有3项以《土地管理法》为设立依据，有1项以文物保护法为法律依据；有5项分别以《矿产资源补偿费征收管理规定》、《取水许可和水资源费征收管理条例》、《诉讼费用交纳办法》、《排污费征收使用管理条例》等行政法规为设立依据；有6项以部门规章为设立依据；有7项以浙江省政府规章为设立依据；其余则均以浙江省有关主管部门的规范性文件为依据。

2008年末，上海市政府法制办公室曾经对本市现行的519项行政事业性收费的依据进行了整理，其中的118项有法律、行政法规及国务院文件依据，264项有国务院部门规章及文件依据，13项有地方性法规依据，74项有市政府规章及文件依据，62项有市政府部门文件依据。可见，绝大部分行政事业性收费行为所依据的不是法律、行政法规，而是国务院部门规章、规范性文件及地方政府规章、规范性文件等。

在有关省、自治区、直辖市政府的现行规定中，对行政事业性收费的概念和范围没有统一规范的界定，名目繁多，界限不清楚。对行政事业性收费的设定主体和实施主体、行政事业性收费的目的和程序等都缺乏严格、科学的界定，导致行政事业性收费制度在实施过程中出现主观随意性大，滥用收费权，在收费项目、收费数额的确立上从部门利益出发，无视行政管理相对人的权益等问题。

（三）行政事业性收费的监督管理体制不够完善，制度执行不严格

目前，行政事业性收费的审批管理由各级政府的财政、物价部门共同负责。这种相互交叉、多头控制的管理格局貌似很严格，实际上人为地割裂了行政事业性收费工作的内在联系，弱化了政府对行政事业性收费的管理，监管上容易出现漏洞。

1. 行政事业性收费项目和收费标准应当是一个统一体，标准是项目的标准，有项目必然有标准。而现行的管理体制把行政事业性收费项目和标准的管理权限分别划给财政、物价两个部门，人为地割裂了收费管理的内在联系，造成了多头管理，相互扯皮，削弱了收费管理的力度。

2. 由于多头管理，各个管理部门所处的地位不同，分析处理问题的角度不同，把握审批监管的原则和力度也不同，因而导致实施收费的单位有机可乘。

具体表现在：一是财政部门和发展改革部门对行政事业性收费的监管存在着明显的职责重叠。财政部的职责中包括：负责政府非税收入管理，负责政府性基金管理，按规定管理行政事业性收费。发展改革委有关司局的职责中也包括研究提出中央政府管理的商品价格、服务价格、政府机关收费改革方案并组织实施。这两个部委对行政事业性收费的管理目标、对象和手段都是不同的。财政部门把行政事业性收费作为财政收入的组成部分去管理，而发展改革部门则把行政事业性收费作为特殊的价格去管理。这一特点使一些收费单位找到了增设收费项目的"缝隙"，一些地方把在中央得不到批准的收费项目分散到地方去申请，或者在一个部门得不到批准，就到另一个部门去申请，一个项目得不到批准，就换个名目申请。二

第三章 我国现行行政事业性收费制度的基本内容及其主要问题

是对行政事业性收费缺乏统一有效的监督管理。在目前多头监管的体制下，对行政事业性收费缺乏一套完整的监控管理机制。虽然有关主管部门都定期开展年度专项稽查、临时性检查，但大多是本系统内部的"自己查自己"，很难真正发挥监管作用。对查出的问题，也缺乏有效的处罚手段，以至于同样的违规收费行为一再发生。三是导致多头收费。比如一些地方的群众反映较多的是多家机构争相收取城市生活垃圾处理费。这笔费用既有市容部门收取的，又有街道办事处或者社区收取的，甚至物业公司也可以收取。

（四）行政事业性收费审批管理的随意性大、自由裁量空间大

在一些地方还存在着市县政府违法违规审批行政事业性收费的现象，特别是近年来一些地方越权批费、年审不严等问题时有发生。例如，有些市县在限制审批行政事业性收费后，改以经营服务性收费的名义审批收费项目。有些地方在国家取消了建筑工程施工图审查的收费项目后，就曾经将建筑工程施工图审查转交中介机构去完成，并把它作为建筑工程竣工验收的前置条件，强制收取相关费用。

（五）"收支两条线"责任不明确，制度未能真正落实

随着国家经济实力的不断提升，各级政府的财政收入都在快速增长，大部分地区已经有能力解决行政机关办公经费不足的问题。但是，在一些经济欠发达地区，地方财政困难的状况还没有得到根本扭转，行政事业性收费在当地财政收入中所占的比重依然过大。一些地方还存在着行政事业性收费的硬性指标。甘肃省 2012 年的行政事业性收费收入 432750 万元，占当年甘肃省非税收入的 25%，占当年甘肃省财政收入的 8%[①]。2010 年，吉林省某市的行政事业性收费占本市财政收入的 13.5%。该市政府只能保证国家机关的财政经费，而事业单位经费的 40%~70% 则依赖于行政事业性收费。一些行政机关应当获得全额的财政拨款，但实际上并没有拨付到位。如该市公安局的年度预算为 4000 万元，而市财政只能拨付 2000 万元，

---

① 资料来源：甘肃省财政厅网站，2012 年度甘肃省公共财政收支决算表。

每年约有1000万元的经费需要通过征收行政事业性收费来补充。"收支两条线"的制度不能真正贯彻执行,行政事业性收费收入仍然按照一定比例返还征收机构。增加收费,在一些地方成为税收的重要补充,出现了"财政经费不足收费补"的现象。

第四章

建立我国行政收费法律制度的初步设想

行政收费制度在实施过程中存在很多问题，社会影响很大，群众反映强烈。这些问题从表面上看是行政事业性单位机构庞大与公共财政保障不足之间的矛盾，实质上是行政权力过度膨胀与制度建设相对滞后之间的冲突。随着依法行政和法治政府建设进程的加快，《行政许可法》、《行政强制法》、《行政处罚法》等一系列规范行政权力运行和政府共同行为的法律制度都已建立起来，而行政收费制度尚没有统一立法。因此，从依法行政，维护社会稳定，保护公民、法人和其他组织合法权益，树立政府公信力的角度出发，有必要研究制定行政收费管理法，统一规范行政收费行为。

行政收费涉及的问题比较多，起草工作的难度也很大。我们考虑，起草行政收费管理法应当着重解决目前行政收费存在的突出问题。在认真调查研究，总结地方和有关部门工作经验的基础上，对行政收费的范围、设定权限、程序和实施行为进行规范，明确行政收费的基本法律制度。

建立我国行政收费法律制度的指导思想，应当是科学界定行政收费的范围，严格限定行政收费的设定权、严格限制行政收费的主体及其权限，规范行政收费的实施程序、强化对行政收费实施运作的规范和监督，切实保护公民、法人和其他组织的合法权益。在起草工作中，还要注意与《行政许可法》、《行政强制法》、《行政处罚法》等法律相协调，并与《价格法》、《税收征收管理法》等法律相衔接。

第四章　建立我国行政收费法律制度的初步设想

第一节　改革行政收费的管理体制

行政收费的监督管理体制是行政收费法律制度的核心内容。

根据现行规定，我国行政事业性收费实行由财政部门、物价部门共同管理的体制。这种管理体制在我国法律制度中是不多见的。从其他国家和地区的相关法律制度来看，尽管对行政收费的称谓各有不同，但大多确立了由一个部门主管的体制。美国《独立机构拨款法》规定，联邦管理与预算办公室是使用费的主管部门。德国《行政费用法》规定，联邦内政部是行政费用的主管部门。我国台湾地区"规费法"规定，规费的主管机关在"中央"为"财政部"；在直辖市为直辖市政府；在县（市）为县（市）政府；在乡（镇、市）为乡（镇、市）公所。

现行行政事业性收费管理体制的缺陷在于：一是发展改革委和财政部对行政事业性收费的监督管理存在着明显的职责交叉。发展改革委有关司局的具体职责包括研究提出中央政府管理的商品价格、服务价格、政府机关收费改革方案并组织实施。财政部的职责负责政府非税收入管理，负责政府性基金管理，按规定管理行政事业性收费。两个部门管理的目标、对象和手段都是不同的。发展改革部门是把行政事业性收费作为价格的特殊表现形式去管理的，财政部门则是把行政事业性收费作为财政收入的组成部分去管理的。二是把行政事业性收费作为价格管理的思路混淆了行政事业性收费与价格之间的区别，特别是行政事业性收费与政府经营性行为所产生的收入之间的差异。三是由于价费不分，造成了行政事业性收费的征收机构较为混乱的状况。一些地方在上级部门清理整顿行政事业性收费时，把一部分行政职能委托给中介组织或者企业去行使，将许多应被取消的行政事业性收费项目转为经营性收入，再通过这些受委托机构变相强制收费。在办理行政许可时，以申请材料专业性强为由，要求申请人将申请材料交给其下属的事业单位或企业去审核、指导，并收取相应的"服务费"。经委托实施行政事业性收费的机构主要有：行政性公司，即名义上是公司，实际上全部或部分行使着行政管理职能的政企合一的组织；行使一定行政管理职能的企业事业单位和社会团体；群众性自治组织等。这些机构通常是在缺乏法律依据的前提下实施行政事业性收费的。四是行政事业性收费缺乏统一有效的监督管理。在目前多头监管的体制下，对行政事业性收费缺乏一套完整的监控管理机制，有关主管部门主要通过临时性检查、年度专项稽查和根据群众举报调查等途径来纠正违规收费问题。同样的违规收费行为一再发生。对查出的问题，也缺乏有效的处罚手段。

为了扭转这种局面，我们有必要重新审视现行行政事业性收费管理体制的合理性，消除重复监管、交叉管理的弊端，把规范行政事业性收费与加强税收管理置于同等重要的地位。解决这个问题有两种思路。

第一种思路是明确行政收费的"所有权属国家，使用权归政府，管理权在财政，谁主管谁担责"的指导思想，重组行政收费的监督管理体制，划分有关部门的职责。

第二种思路是在行政收费法律制度中继续保持以各级财政部门、物价部门共同管理的体制，但是要认真界定有关主管部门的职责权限。必须重新明确行政收费审批权限，改变现行收费立项以财政部门为主、收费标准以物价部门为主的管理模式。应根据行政收费的性质和相关部门的工作特点，将行政收费划分为"收费行为管理"和"收费资金管理"两项内容，行政收费的立项、行政收费标准的制定、行政收费工作的管理和监督检查由物价部门具体负责，进而防止费出多门、重复收费，把住"收入"关；行政收费资金的使用范围、管理方式及财务监督检查由财政部门具体负责，进而防止乱收乱支、浪费资金，把住"支出"关。

第二节 行政收费管理法的调整范围

目前，在一些地方、一些部门政企、政资、政事、政府与市场中介组织之间的关系仍然没有处理好。政府仍然管了一些不该管、管不好、管不了的事情。一些政府部门还承担了过多的专业性、技术性事务。通过立法确定行政收费的范围，要有利于推进政企分开、政资分开、政事分开、政社分开、政府与市场中介组织分开，有利于推进事业单位分类改革。

行政收费管理法调整范围的确定要与财政管理体制、预算管理体制的改革相衔接、相协调。现行有关的制度设计没有理顺各级政府之间的事权和财政收支关系，也不利于规范财政体制和转移支付制度，造成不同地区政府与企业之间的利益关系不尽相同、基层政府的公共服务保障能力偏低，难以满足基本支出需要。在确定行政收费管理法的调整范围时，要在进一步明晰中央与地方事权划分的基础上，将所有政府性资源都纳入中央与地方的收入划分范围，进一步规范省以下政府间的收入分配关系。

确定行政收费管理法的调整范围，要在体现国家的政策导向和满足市场竞争的需要之间保持平衡，同时又必须考虑社会公众的承受能力。从保护公民、法人或者其他组织合法权益的指导思想出发，行政收费管理法的调整范围应当涵盖行政机关、履行行政管理职能的事业单位、社会团体或者其他组织因提供有限公共资源产品、特定公共服务或者实施行政管理而收取的非营利性质费用。为尽量减少行政收费的项目，行政收费管理法中应当明确界定行政收费的范围，着重区分行政收费与税收收入、行政收费与经营性服务价格、行政收费与国有资源有偿使用收入、行政收费与罚没收入等。在现行的行政事业性收费项目目录中，将不属于行政收费的项目剥离出去。

为了从源头上治理行政收费过多过滥的问题，必须规范行政收费的设定权和实施权。行政收费的设定和实施，包括行政收费项目和标准的核定、行政收费的征收和监督管理等项内容，是将法律规定的事项转化为有关当事人之间的权利义务关系。因此，行政收费管理法的调整范围主要包括行政收费的设定和实施。

第三节　行政收费的基本原则

行政收费的原则是指对行政收费管理法的立法、执法、司法和守法等全过程具有普遍指导意义的原理和准则。在有关法律、部门规章中，已有对行政收费基本原则的概括。如《价格法》第四十七条规定："国家行政机关的收费，应当依法进行，严格控制收费项目，限定收费的范围、标准。"《行政事业性收费项目审批管理暂行办法》第三条规定："行政事业性收费（以下简称收费）是指国家机关、事业单位、代行政府职能的社会团体及其他组织根据法律、行政法规、地方性法规等有关规定，依照国务院规定程序批准，在向公民、法人提供特定服务的过程中，按照成本补偿和非盈利原则向特定服务对象收取的费用。"第五条规定："审批收费项目坚持公开、公平、公正的原则，严格遵循国务院和本办法规定的审批权限和程序。"第十五条第一项规定，审批收费项目应符合国际惯例或国际对等原则的，依照国际惯例或国际对等原则审批收费项目。《行政事业性收费标准管理暂行办法》第五条规定："审批收费标准应遵循以下原则：（1）公平、公正、公开和效率的原则；（2）满足社会公共管理需要，合理补偿管理或服务成本，并与社会承受能力相适应的原则；（3）促进环境保护、资源节约和有效利用，以及经济和社会事业持续发展的原则；（4）符合国际惯例和国际对等的原则。"

一些专家学者在其研究成果中，对行政收费的基本原则也有一些表述，其共同点有：（1）行政收费的设定和实施，必须遵循法律规定的权限、条件和程序。行政收费的种类、项目、标准、幅度及程序等必须由法律明确规定。（2）行政收费的法律根据、收费项目和标准等必须公开。（3）行政收费的设定应以成本补偿为目的。（4）行政收费的设定和实施、收取和支出必须分离。

根据行政收费的性质和特点，参考行政许可、行政强制、行政处罚的基本原则，我们认为，行政收费应当体现以下几项原则。

一、法定原则

依法设定和实施行政收费，是规范行政收费行为的前提。行政收费是行政机关以及履行公共事务管理职能的其他社会组织因法律法规授予的职权而实施的行政征收行为，是影响公民财产权的大事，因此行政收费应该遵循收费设定法制化的原则，把一切行政性收费行为都界定在法律的框架内。从根本上规范行政收费行为，既要按照法定的权限和事项范围设定行政收费，也要按照法定的收费对象、收费标准和程序实施行政收费。

行政审批制度改革的不断深入和《行政许可法》的实施，对行政管理工作提出了新的更高的要求。行政收费管理法的起草工作也要适应这种要求，对收费项目的设立、征收、监管、法律责任等都加以明确的规范，从而使收费工作真正走上规范化和法治化的轨道。

二、公开、公平、公正和便民原则

近年来，国家大力推行行政收费制度公示制度，提高了行政收费政策的透明度。很多地方在建立收费公示长效机制等方面取得了许多好经验，如教育收费公示制、医疗收费"一日清单"制以及涉农、涉企收费公示等，收到了实效。但是，也有一些地方对"未经公布不得实施"的要求重视得不够，落实得不好，特别是在公布行政事业性收费项目时不能同时公布收费标准，新增的收费项目不能及时公布等。行政收费管理法在这方面要有明确规定，政府要在公布行政收费项目、依据的同时，公布收费标准、执收单位名称以及收费事项的变动情况。未经公示，收费行为一律无效。

行政收费作为增加行政相对人经济负担的具体行政行为，其设定和实施应当遵循公开、公平、公正和便民的原则。公开原则要求，有关行政收费的规定应当公布；未经公布的，不得作为实施行政收费的依据。行政收费的实施和结果，也应当予以公开。公平原则要求，行政收费应当体现各个受益者、受益者与未受益者之间的公平，不得差别对待，不得实施歧视性收费。公正原则要求，设定行政收费项目和标准，必须经过严格论证，不得乱设名目或者畸高畸低。便民原则要求，任何与行政管理相对人权益有关的规则、制度，都要方便群众办事。

三、受益者负担和成本补偿原则

为体现行政收费的公平性,应当由受益者来承担政府提供的准公共服务产品的费用。行政收费标准的核定,也应当遵循合理补偿有限资源使用、行政管理或者公共服务成本的原则,不得收取超过成本的费用。

四、维护公民、法人或者其他组织合法权益原则

行政收费管理法应充分体现保护公民、法人或者其他组织合法权益的精神,明确规定行政收费的监督检查主体、监督检查的职权范围以及年审制度、举报制度等事项,使得对行政收费的监督、管理、检查、处罚工作更加规范,真正做到有章可循,有法可依。

五、遵循国际惯例和国际对等原则

行政收费的设定和实施涉及其他国家或者地区的内容,应当符合国际惯例,遵循国际对等原则。

六、提高基层政府的财政保障能力,切实实现"收支两条线"原则

"收支两条线",是我国财政制度改革的一项重要内容。从我们了解的情况看,各地的做法主要有两种。

在经济比较发达的地区,根据各部门历年收入的完成情况及政策法规的变化情况合理确定全年收入计划,将行政事业性收费收入和税收收入统筹安排列入年初部门预算,并上报同级人大审议。根据各部门履行职能的需要核拨支出,禁止将行政事业性收费收入与部门经费支出挂钩和按比例返还。政府鼓励预算单位应收尽收,对当年超收的收入,按预算项目、单位性质核定征收成本后,根据实际需要和支出项目的轻重缓急,在编制下一年度的部门预算时,安排相应支出。

在经济欠发达的地区,行政事业性收费所得收入仍然是当地财政收入

的一大支柱。一些行政事业单位的办公经费、人员工资福利的缺口只能通过收取行政事业性收费来弥补。在这种条件下，实现"收支两条线"只能作为一个奋斗目标去要求，不少单位都有完成行政事业性收费的指标，行政事业性收费所得收入仍然按照一定比例返还给征收机构。解决这一问题的根本出路在于支持各地发展经济。建议以法律的形式进一步划分各级政府的事权和财权，规定财政转移支付的目标、基本原则、资金来源、分配方法、监督管理和法律责任等。只有经济发展了，大量的社会管理事务和公共服务的成本才有可能由各级财政来承担。同时，要科学合理地设置政府机构，核定人员编制，实现政府职责、机构和编制的法定化。

从行政收费的角度看，在一定时期内还要保持或者赋予地方的行政收费设定权。我国幅员辽阔，各地之间的经济文化差别较大，在上位法没有规定，又需要地方人大和政府及时应对和有效处置地方性特殊问题时，赋予地方性法规、省级政府规章一定的行政收费设定权是必要的。

第四节 行政收费项目的设定权限、程序和收费标准的确定

从行政收费的性质，中央与地方事权的合理划分，对公民、法人和其他组织切身利益的影响，行政收费的发展趋势等方面考虑，应当严格限定行政收费的设定权限和设定程序。确定行政收费项目和标准的基本原则是国务院财政部门、物价部门负责缴入中央国库、在全国范围或者跨省级区域实施的行政收费项目的立项和标准的核定；省级财政部门、物价部门负责本行政区域内实施的行政收费项目的立项和标准的核定。资源补偿类和公共服务类收费，还应当分别报国务院或省级政府批准。行政收费项目在国家和省级以下同时实施的，应当经国务院和省级财政部门、价格部门分别核定。

一、行政收费项目的设定

我国法学界普遍认为，设定行政收费应当遵循以下一些基本原则：一

是合法原则。行政收费设定主体的资格和权限以及行政收费的立项、标准、幅度的确定等都应来自法律的明确规定。二是公平原则。行政收费项目的设定应体现受益者与未受益者之间以及各个受益者之间的公平，并要求"负担程度与受益程度相对应"。三是公开原则。在设定行政收费时，必须对收费理由、收费目的、收费对象、收费范围、成本测算材料、收费标准、收费单位、收费方式、执行期限等事项加以公开，以方便公众监督。四是必要性原则。行政收费应当以弥补实施行政管理和提供公共服务和公共资源的成本为目的，而不能为解决某些部门经费不足的问题而设定行政收费。五是民主参与原则。行政收费的设定应当广泛听取人民群众的意见和建议，保证人民群众在行政收费设定上的民主参与权。

关于行政收费的设定权限，法学界有这样一些观点：一是法律绝对排他设定说。持这种观点的学者认为，行政收费直接涉及公民的财产权，而财产权是宪法赋予公民的一项基本权利。因此，行政收费只能由全国人大及其常委会设定，法规、规章只能在法律设定的幅度内制定具体规定。二是法律有条件地授权设定说。持这种观点的学者认为，原则上只能由全国人大及其常委会设定行政收费，法规、规章可以在法定幅度内制定具体规定，但不得改变条件或超越幅度。在法律没有设定行政收费的情况下，法规、规章必须由全国人大及其常委会授权后方可设定行政收费项目，而其他规范性文件一律不得设定行政收费项目。三是法律、法规设定说。持这种观点的学者认为，法律和地方性法规可以设定行政收费，行政法规也可以创设行政收费。这是由行政法规在我国法律体系中的地位和作用所决定的，也是由"税"、"费"的本质区别所决定的。四是规章有限设定说。持这种观点的学者认为，部门规章不得设定行政收费，省级政府制定的地方政府规章，在不违背上位法的前提下，有权设定本行政区域内的行政收费项目。五是分事项设定说。持这种观点的学者认为，全国人大及其常委会制定的法律有权设立各类建设性基金和行政收费项目及标准，其他规范性文件无权设立；国务院制定的行政法规可以设立在全国范围内实施的行政收费项目及标准；省、自治区、直辖市人大及其常委会制定的地方性法规可以设立地方性行政收费项目和标准；规章及其他规范性文件无权设立任何形式的行政收费项目。政府部门不能以达标、评比等名义征收各种费用。

我们认为，设定行政收费项目，应重点研究解决以下问题。

（一）行政收费的设定范围

行政收费法可以设定行政管理类收费、资源补偿类收费、公共服务类收费以及法律、行政法规规定的其他行政收费。也就是说，对下列事项可以设定行政收费。

1. 行政机关采用招标、拍卖等方式，已取得国有资源、国有资产有偿使用收入外，还需要对自然资源、公共资产的开发、利用行为进行调控的，或者需要补偿治理和恢复自然生态环境社会公用设施支出的，可以设定资源补偿类行政收费。

2. 行政机关实施行政许可、非行政许可审批等行为，需要适当补偿成本的，可以设定行政管理类行政收费。

3. 政府向特定个人或者组织提供服务，需要适当补偿成本的，可以设定公共服务类行政收费。

4. 法律、行政法规规定的其他行政收费。

在总结以往清理整顿行政收费工作经验教训的基础上，行政收费管理法应规定下列事项不得设定行政收费。

1. 行政机关履行监督检查、行政处罚等项管理职责的。比如有些工商部门过去曾因监管集贸市场的经营者而收取的集贸市场管理费，因管理个体户的经营活动而收取的个体工商户管理费等等。在这些管理与被管理的行政法律关系中，行政管理相对人并未直接受益，反而被课加了更多的义务，因此对这些行政管理相对人收费，与行政收费的设立宗旨是不一致的。如果依靠行政收费来维持行政机关履行职责所必需的经费，并与收费收入挂钩的话，就助长了"管理就是收费、以收费促管理"的错误倾向。因此，行政机关实施监督检查、行政处罚等管理职责都应当由各级财政部门予以经费保障，而不得设定行政收费。

2. 以限制其他地区的商品、服务进入本地区，或者限制其他地区的个人、企业到本地区从事生产经营活动为目的的。在以往的工作实践中，有些地方立法通过设定行政收费来实施地方封锁、地方保护。为了维护市场经济秩序，促进全国统一市场的形成，应当取消并禁止设定以地方封锁、地方保护为目的的行政收费。

3. 原由政府提供的检验、检测、鉴定以及考试、培训等服务，可以逐步交由中介服务机构提供经营性服务，相应的行政收费也应转化为经营性服务收费。

4. 受益范围广、受益时间长的现行行政收费，采用税收方式更有利于提高征收效率的，则应转为税收。"费改税"改革也是治理整顿预算外资金、规范政府收入机制的一种有效措施。

(二) 行政收费的设定权

为了规范设定行政收费的权限、条件和程序，我们比较研究了现行法律中的有关规定。《税收征收管理法》第三条规定，税收的开征、停征以及减税、免税、退税、补税，依照法律的规定执行；法律授权国务院规定的，依照国务院制定的行政法规的规定执行。任何机关、单位和个人不得违反法律、行政法规的规定，擅自作出税收开征、停征以及减税、免税、退税、补税和其他同税收法律、行政法规相抵触的决定。《行政许可法》第十四条、第十五条规定，法律可以设定行政许可。尚未制定法律的，行政法规可以设定行政许可。必要时，国务院可以采用发布决定的方式设定行政许可。尚未制定法律、行政法规的，地方性法规可以设定行政许可；尚未制定法律、行政法规和地方性法规的，省、自治区、直辖市政府规章可以设定临时性的行政许可。《行政强制法》第十条规定，行政强制措施由法律设定。尚未制定法律，且属于国务院行政管理职权事项的，行政法规可以设定除限制公民人身自由，冻结存款、汇款和应当由法律规定的行政强制措施以外的其他行政强制措施。尚未制定法律、行政法规，且属于地方性事务的，地方性法规可以设定查封场所、设施或者财物，扣押财物的行政强制措施。法律、法规以外的其他规范性文件不得设定行政强制措

第四章 建立我国行政收费法律制度的初步设想

施。《行政处罚法》第九条至第十四条规定，法律可以设定各种行政处罚。行政法规可以设定除限制人身自由以外的行政处罚。地方性法规可以设定除限制人身自由、吊销企业营业执照以外的行政处罚。尚未制定法律、行政法规的，国务院各部、委员会制定的规章可以设定警告或者一定数量罚款的行政处罚。省、自治区、直辖市政府和省、自治区政府所在地的市政府以及经国务院批准的较大的市政府制定的规章可以设定警告或者一定数量罚款的行政处罚。其他规范性文件不得设定行政处罚。

我们认为，从行政收费的性质，中央与地方事权的合理划分，对公民、法人和其他组织切身利益的影响，行政收费的发展趋势等方面考虑，应当比照税收的规定来规范行政收费的设定权限。同时考虑到，我国幅员辽阔，各地之间的经济文化差别较大，在上位法没有规定，又需要各地及时应对和有效处置地方性特殊问题时，赋予地方性法规一定的行政收费设定权是必要的。因此建议规定，法律可以设定行政收费。尚未制定法律的，行政法规可以设定行政收费。尚未制定法律、行政法规的，地方性法规可以设定行政收费。法律、行政法规已经规定行政收费，地方性法规需要作出具体规定的，必须在法律、行政法规规定的行政收费项目和标准的范围内规定。法律、法规以外的其他规范性文件不得设定行政收费。国务院各部、委员会制定的规章可以在法律、行政法规规定的行政收费项目和标准的范围内作出具体规定。省、自治区、直辖市人民政府和省、自治区人民政府所在地的市人民政府以及经国务院批准的较大的市人民政府制定的规章可以在法律、法规规定的行政收费项目和标准的范围内作出具体规定。

也就是说，有权设定行政收费的法律依据应限于以下两类。

1. 法律、行政法规的行政收费设定权。行政收费涉及不同层级政府的宏观调控、行政管理、公共服务等项职能，也是不同层级政府的法定收入，因此，中央和地方都享有行政收费的设定权。按照《立法法》的规定，全国人大及其常委会行使国家立法权和专属立法权。国务院为了执行法律和国务院的管理职权，有权制定行政法规。法律、行政法规可以在各自权限范围内设定公民、法人和其他社会组织的权利义务。因此，法律、行政法规都有权设定行政收费。

按照《立法法》第七十一条的规定，国务院各部、委员会、中国人民银行、审计署和具有行政管理职能的直属机构，可以根据法律和国务院的行政法规、决定、命令，在本部门的权限范围内，制定规章。部门规章一般规定专业性、技术性较强的问题。如果规定部门规章可以设定行政收费，容易造成有关行政主管部门自我授权，为本系统设定和扩大行政权力的局面。对确实需要设定行政收费的，可以制定行政法规作出规定。

2. 地方性法规、地方政府规章的行政收费设定权。《立法法》规定，省级和较大的市的人大及其常委会为了执行法律、行政法规，或者出于处理地方性事务的需要，在不与上位法相抵触的情况下，有权制定地方性法规。地方性法规也可以设定行政收费。地方政府可以为执行法律、行政法规、地方性法规以及对本行政区域内的具体行政管理事项制定规章。地方政府要全面负责本行政区域内的经济管理和社会管理事项。我国幅员辽阔，各地之间的经济文化差别较大，在上位法没有规定，又需要地方政府及时应对和有效处置地方性特殊问题时，赋予地方政府规章一定的行政收费设定权是有必要的，但是应规定只有省级政府规章才可以设定行政收费。

其他规范性文件无权创设公民、法人和其他组织的义务，也不得设定行政收费。

（三）行政收费设定前的听取公众意见制度与设定后的评估制度

行政收费涉及公民、法人和其他社会组织的切身利益，因此，当行政机关提出设定或者变更行政收费的动议时，应当听取行政收费所涉及的利害关系人的意见。

为实现行政收费设定过程的公开透明、减少部门本位主义和滥设收费项目等倾向，有必要规定一系列设定行政收费的程序。

1. 设定行政收费前的听取公众意见制度

行政收费涉及公民、法人和其他社会组织的切身利益，因此，公众参与应当成为设定行政收费的一项原则。按照《立法法》、《行政法规制定程序条例》、《规章制定程序条例》的规定，当行政机关通过立法程序提出设定行政收费的动议时，应当采取听证会、座谈会等形式，专门听取行政收费涉及的利害关系人的意见。对公众意见和听证代表的意见，行政机关应当作出反馈，告知是否采纳的结果。未采纳的，应当说明理由，防止走过场、流于形式。

2. 设定行政收费后的评估制度

对已设定的行政收费进行后评估，是检验该项行政收费是否必要的重要手段。它包括三种形式：一是设定机关有权组织对行政收费的评估。全国人大及其常委会、国务院、省级和较大的市的人大及其常委会、省级政府可以要求财政部门和物价部门从行政收费项目的设定条件、理由、征收机关、收费范围、收费对象以及收费标准等角度对某项行政收费进行重点评估，也可以委托社会中介组织对行政收费实施的社会效果进行评估。二是征收机关对行政收费的定期评估。行政收费的征收机关可以对某项行政收费的具体征收情况及有关行政管理、公共服务或者资源配置等职能的变化情况等开展评估。三是行政收费相对人对行政收费的评估。公民、法人和其他社会组织有权就某项行政收费是否合理、收费标准和收费方式是否适当，征收机关是否履行职责等方面进行评议、提出意见和建议。

二、行政收费项目与标准的核定

有关法律制度原则性地规定了行政收费的项目、征收对象等基本事项，而在实际工作中遇到的征收机构、收费标准、收费环节、收费期限等具体问题，需要由财政部门、物价部门通过审查核定予以明确，并通过发放收费许可证的方式向社会公示。这些都属于行政收费的事前监管制度。它与收费资金、票据管理等事中监管和事后监管措施构成了完整的行政收费监督制度。

（一）行政收费项目的核定制度

根据《行政事业性收费项目审批管理暂行办法》、《行政事业性收费标准管理暂行办法》、《收费许可证管理办法》等的规定，现行的行政收费管理体制是由财政部门会同物价部门负责立项审批，由价格部门会同财政部门负责标准审批。这种管理体制的好处是它有利于形成行政收费的制衡机制，便于有关主管部门之间的相互监督、相互约束。但是这种管理体制的弊端也是显而易见的。除了前几章所述的问题外，由于财政部门主管行政收费的立项，容易出现本应由财政安排资金的事项，改由行政收费解决，不利于科学合理地设定行政收费项目。根据现行管理体制，征收机构就一个收费项目要分别向财政部门、物价部门提出立项申请、标准申请以及发放《收费许可证》的申请，提交三次材料，接受三次审查。财政部门、物价部门要分别对三次申请进行初审和受理、审查和听取意见、做出决定和检查等环节，而且有关制度之间对职责分工、归口申请的主体和对象的规定也有所差异，在实践中造成不便。在对行政收费管理体制作出实质性改革之前，为了优化程序、提高办事效率，建议由财政部门统一受理并审查申请材料。对于符合条件的申请，在作出立项决定后，应当在规定时限内转送物价部门核定收费标准，再由物价部门向征收机构颁发收费许可证，并向社会公示。这样做，既不改变现行管理体制，又方便了申请单位。在整个过程中，财政部门、物价部门必须加强沟通、互通信息及核定结果。

  中央征收机构（含中央垂直领导机构）申请核定行政收费项目和标准的，应当向国务院财政部门、价格部门提出书面申请。省级、省级以下征收机构申请核定行政收费项目和标准的，应当向省级财政部门、价格部门提出书面申请。征收单位在申请时，应当一并提交设立该项行政收费的理由和目的，行政收费的名称、范围、对象、方式以及收费期限等材料，特别是有关行政收费标准的成本测算依据以及征收单位的性质、人员编制、经费保障等情况。

  财政部门、价格部门在正式受理设定行政收费的申请后，应当采用论证会、听证会等形式，听取收费对象、专业人员、相关行业协会以及社会公众的意见。财政部门、物价部门在向征收机构送达有关立项和标准核定的文件以及收费许可证等的同时，还应当向社会公布。征收机构应当在收费场所公示收费文件依据以及该项行政收费的项目、主体、范围、标准、对象等,并悬挂收费许可证,接受社会监督。

行政收费目录的内容应当包括行政收费的项目名称、依据、征收机构、对象、范围、标准、方式和期限等,并向社会公布。财政部门、价格部门应当在重新核定后的 3 个工作日内及时更新目录的有关内容。经过评估或者检查,发现行政收费项目、范围、期限、标准等需要调整的,征收机构应当按照既定程序,重新申请核定。

(二)行政收费标准的核定原则

法学界大部分学者认为,我国对行政收费标准的核定,应当在成本核算的基础上,按照行政收费的种类分别管理。其中,特许权具有排他性和独占性的特点,往往在取得特许权后即可在市场上获得收益,因此,对特许权收费应按照市场价格确定收费标准。而对于管理类或服务类的行政收费,则应当坚持非营利的原则,按照补偿成本或低于成本的标准核定,不宜考虑利润和税金等因素。此外,还有学者认为,行政收费的标准要反映收执单位提供特定行政服务的成本以及行政管理相对人对特定行政服务的需求状况,可考虑分别按边际成本或平均成本定价,在不同的时间段或对不同的行政管理相对人还可以实行差别定价。

我们认为,为防止行政收费标准制定的随意性,不同类型行政收费标准的制定原则和方法也应各不相同。行政管理类和公共服务类收费标准的制定应当根据行政管理和公共服务的需要,立足于合理补偿行政管理或者公共服务成本,并与社会承受能力相适应;资源补偿类收费标准的制定应当有利于促进环境保护、资源节约和有效利用,以及社会、经济的可持续发展。由于我国各地的经济社会发展水平不同,各地具体行政行为的成本和社会对行政收费的承受能力也有差异,因此,应当由法律、行政法规规定全国统一的行政收费标准。在没有统一规定的情况下,允许各地根据本地实际情况,制定行政收费标准。这包括两种情形:一是上级主管部门制定基准标准,授权下级机关根据当地实际情况按照一定的幅度上下浮动;二是上级主管部门只做原则性规定,授权下级物价部门根据当地实际情况自行制定收费标准。

（三）行政收费许可证制度

作为立项和标准核定的最终环节，行政收费许可证既是此前核定结果的确认载体，也是征收机构向公民、法人和其他社会组织征收有关费用的法律凭证。行政收费许可证应当记载行政收费的项目名称、对象和范围，征收机构及其性质、行政收费的方式、标准、有效期限等事项，并加盖发证的主管部门印章。征收机构应当亮证收费，自觉接受有关主管部门和社会公众的监督。行政收费许可证的主要制度包括以下三种。

1. 一点一证制度。行政收费许可证是征收机构实施收费的必要法律文件，因此，每个征收点都必须申领行政收费许可证并在显著位置上公示。特别是接受委托实施行政收费的征收点，应当在行政收费许可证上特别注明其委托收费的性质，以加强监管。

2. 正副本制度。行政收费许可证分正本和副本。正本用于收费单位悬挂，购买票据；副本用于亮证收费等其他用途。具有法人资格并进行独立财务核算的征收机构可申领正本。不具有法人资格的征收机构和受委托机构可以申领副本，并由具有法人资格的征收机构统一申领。

3. 有效期与审验制度。行政收费许可证有一定的有效期限，一般为3~5年。行政收费许可证的有效期不能长于收费期限，超过收费期限的部分无效。在有效期内，主管部门要定期审查，查验许可证上的登记事项是否符合实际情况。如果发现与实际情况不符的，相关单位应当及时纠正或者申请换发行政收费许可证。有效期已过，或者对于临时性、一次性收费核发的临时收费许可证期限已过的，征收机构应当申请换发许可证。由于收费项目和标准经重新核定变更的，行政收费许可证也应随之变更。

第五节　行政收费的征收

一、行政收费的征收机构

行政收费管理法律制度要严格规范行政收费的主体资格。行政收费由法律、法规规定的行政机关在法定职权范围内实施。法律、法规授权的具有管理公共事务职能的组织可以在法定授权范围内实施行政收费。行政机关可以依法委托具有管理公共事务职责的事业组织实施行政收费。

参考有关法律规定，建议对行政收费的征收机构作如下限制：行政收费由法律、法规规定的行政机关在法定职权范围内实施。行政收费应当由行政机关具备资格的行政执法人员实施，其他人员不得实施。法律、法规授权的具有管理公共事务职能的组织可以在法定授权范围内实施行政收费，在法定授权范围内，以自己的名义实施行政收费。被授权的组织适用有关行政机关的规定。行政机关依照法律、法规或者规章的规定，可以在其法定权限内委托依法成立的管理公共事务的事业组织实施行政收费。行政机关不得委托其他组织或者个人实施行政收费。委托行政机关应当负责监督受委托的组织实施行政收费的行为，并对该行为的后果承担法律责任。受委托组织在委托范围内，以委托行政机关的名义实施行政收费；不得再委托其他任何组织或者个人实施行政收费。

二、收费公示制度

实行收费公示制度，有利于提高行政收费法律法规的透明度，规范征收机构的行为，切实保障公民、法人和其他社会组织的合法权益。

这一制度要求国务院或者省、自治区、直辖市和较大的市的财政部门、价格主管部门应当向社会公布现行有效的行政收费的项目名称、收费依据、征收机构、收费对象、收费范围、收费标准、收费方式、收费期限等。对行政收费的项目或者标准进行调整的，各级人民政府财政部门、价格主管部门应当及时通知征收机构在规定的期限内办理变更手续，并应当在重新核定后的3个工作日内，重新向社会公布有关事项。

三、行政收费的征收方式

目前，我国行政收费的现场征收方式存在诸多问题，主要表现在：征收机构的收费方式不够明确和规范。征收机构大多口头或者电话通知缴费人缴费的时间和地点，而不出具缴费通知。同时缴费的方式也不够高效、便民，不仅影响了征收机构的工作效率，也增加了缴费人的缴费成本和负担。针对这些情况，我们建议规定便捷、规范的行政收费征收制度。征收机构必须在按照法定期限内向缴费人送达缴费通知单，缴费人据此在规定的时限内缴费，同时规定缴费人可以在若干种缴费方式中选择适当的缴费方式，如可以到指定地点缴费，也可以通过银行代缴费、网上缴费或者邮寄付款等方式缴纳费用。

四、行政收费的停止征收、减征和免征、缓缴

为了扶助社会弱势群体或者特殊利益群体，构建和谐社会，推进服务型政府建设，有必要从法律制度上赋予一部分人享有停止征收、减征和免征、缓缴行政收费的权利。而为了提高行政管理的效能，建立一个相对完善的行政收费管理体系，有必要分别规定实施停止征收、减征和免征、缓缴的主体。

（一）停止征收

为了减轻社会公众和社会组织的负担，提高人民群众的生活质量和水平，如果本级财政收入能够负担相关的支出，就可以停止征收一些行政收费。停止征收是取消某项行政收费项目前的一种过渡性措施。当客观情况发生变化，原设定的行政收费项目已经明显不符合经济、社会、文化发展需要的，设定机关应当及时取消该行政收费项目，或者及时调整原设定的行政收费项目的名称、征收机构、收费对象、收费范围等。有权决定停止征收的主体只能是县级以上政府或者国务院各部、委。为了加强监督，有关机关在作出停止征收的决定之日起30日内，应当向行政收费项目的设定机关备案。

（二）减征、免征

行政收费要考虑到收费对象的经济负担能力，使不同经济状况的主体承担不同的收费。根据我国宪法、相关法律的规定，可以享受减征、免征行政收费的对象主要包括：因身体残疾导致丧失或者部分丧失劳动能力，

生活确有困难的；烈士家属、城市和农村最低生活保障对象；特定时期因公共利益而需要减征、免征的；基于国际公约、条约、协议规定需要减征、免征的；其他法律、法规、规章明确规定需要减征、免征的。

减征、免征的前提是调整行政收费的标准，而收费标准的调整权在价格部门。因此，价格部门有权决定实施减征、免征行政收费。享受减征、免征行政收费的特定主体应当向价格部门出具相关的证明文件。价格部门还要书面通知相关征收机构，并向社会公示减征、免征的具体对象、标准和期限。

（三）缓缴

缓缴是缴费人延期缴纳行政收费的权利。因不可抗力导致缴费人无法在规定期限内缴纳行政收费的，具备条件的缴费人应当提供相关证明文件并提出缓缴申请后，征收机构可以根据具体情况，决定其是否可以缓缴行政收费，并决定缓缴的期限。缓缴的期限一般不得超过6个月。

《民法通则》规定，"不可抗力"是指不能预见、不能避免并不能克服的客观情况。通常来自两个方面：一是由于自然力量引起的，如火灾、水灾、飓风、大雪、地震等；二是由于社会力量引起的，如政府禁令、战争等。

第六节 行政收费收入的管理和使用

在行政收费收入的管理方式方面，我们可以借鉴发达国家的做法，对收费收入管理方式进行彻底改革，实行政府行政收费账目与收入收缴分离，健全以票管收机制，开票与收款分开，收费单位不与收费收入直接打交道，收费收入采取直接缴库、集中缴库、委托代征和现场征收等方式，确保收费收入及时足额缴入国库，彻底割断收费主体与收费收入的利益关系。同时，将收入管理改为直接纳入预算，支出由预算安排，增强政府预算的完整性、公开性和透明度，从而建立完善的收费收入收缴、拨款、簿记、核算等一整套操作程序，彻底解决坐收坐支、乱收乱支的问题，消除收费膨胀的动因。

有关行政收费资金管理和使用的法律制度应包括以下内容。

一、财政预算管理制度

财政预算管理制度是指征收机构根据法律、法规和规章收取的行政收费，必须按规定全部上缴国库或预算外资金财政专户，不得截留、坐支；发生支出时，则由财政部门根据征收机构履行职责的需要，从国库或预算外资金财政专户统筹安排拨付资金的管理模式。

深化财政预算管理制度改革的核心是按照公共管理的要求，将全部财政性收支逐步纳入政府预算管理，接受社会公众监督。其最终目标是编制综合政府预算，逐步淡化和取消预算外收支。关于行政收费的收入，中共中央办公厅、国务院办公厅《关于转发财政部〈关于对行政收费、罚没收入实行预算管理的规定〉的通知》中已经明确要求逐步纳入财政预算。国务院1996年发布的《关于加强预算外资金管理的决定》规定，要切实加强财政预算和预算外资金的管理，完善对财政资金的监督检查制度。各级财政部门必须严格按照"控制规模、限定投向、健全制度、加强监督"的原则，禁止将预算资金转移到预算外，加强财政周转金管理。预算外资金作为国家财政性资金，也必须纳入财政管理。财政部门要在银行开设统一的专户，用于预算外资金收入和支出管理。因此，行政收费的各项收入应纳入财政预算管理体系。因特殊原因不能纳入预算管理的，应当按照《关于加强预算外资金管理的决定》纳入预算外资金管理，并且要明确其适用范围和具体的用途。这样可以有效地控制国家行政收费的收入和预算外资金的规模。

贯彻落实财政预算管理制度的意义在于：首先，它有助于杜绝"谁收谁用"的现象，防范征收机构因利益驱动而乱收费，也有利于从源头上治理腐败；其次，它有利于规范征收机构的银行账户管理，也有利于提高财政资金的运行效率；最后，它有利于促进我国公共财政体系的建设。我们要进一步加强财政预算管理制度的建设，将行政收费的收入作为国家财政收入，全部纳入财政预算管理。对于因特殊原因不能纳入的，应当使其依法纳入预算外资金管理，明确其使用范围和具体的用途。

征收机构不得以任何形式截留、挪用、私分或者变相私分所收取的收入。财政部门不得以任何形式向征收机构返还或者变相返还所收取的费用。征收机构在实施行政收费时，不得附带收取任何费用或者因此获得任何经济利益。

二、分类使用制度

分类使用制度主要是解决如何使用纳入财政预算的行政收费收入的问题。按照中共中央办公厅、国务院办公厅《关于转发财政部〈关于对行政收费、罚没收入实行预算管理的规定〉的通知》的要求，将行政收费各项收入纳入财政预算管理体系，并按照其性质分类使用。

《关于加强预算外资金管理的决定》中规定，对部门和单位的预算外资金收入按不同性质实行分类管理。国家机关和受委托部门、单位统一收取和使用的专项用于公共工程和社会公共事业的基金、收费，以及以政府信誉为依托强制建立的社会保障基金等的收入全额缴入同级财政专户。支出按计划和规定用途专款专用，不得挪作他用，收支结余可结转下年度专向使用。各部门和单位的其他预算外资金，收入缴入财政专户，支出由财政结合预算内资金统筹安排，其中少数费用开支有特殊需要的预算外资金，经财政部门核定收支计划外，可按确定的比例或按收支结余的数额定期缴入同级财政专户。

行政收费的收入也应当按照其性质分类使用，属于公共服务类和资源补偿类的行政收费，只能用于发展有关的事业；属于行政管理类的行政收费，在纳入财政预算管理后，可由同级财政部门统筹安排使用。

三、专用票据制度

行政收费的收据是征收机构实施了行政收费、缴费人履行了缴费义务的证明。1998年，财政部制定了《行政事业性收费和政府性基金票据管理规定》，明确了财政部门是收费票据管理的主管机关。行政收费专用票据由省级以上财政部门统一监（印）制，分级管理。行政收费许可证就是征收机构享有法定收费权的证明文件，征收机构据此即可到同级财政部门领购行政收费专用票据。征收机构不使用专用票据收费的，当事人有权拒绝缴费。

第七节　行政收费的监督检查制度

要规范行政收费行为，不仅需要完善有关法律法规法规，更重要的是强化监督检查机制。加强对行政收费的监督检查，对维护市场经济秩序、保护公民、法人和其他社会组织的合法权益都具有重要意义。

要建立行政收费执法督查制和责任制，把行政收费执法部门的行为置于有关机关和全社会的有效监督之下，促使行政收费主管部门认真、严肃地查处违规收费行为，同时还要建立违法收费的责任追究制度，对自立项目、自定标准、坐收坐支的单位及其直接责任人的违法行为要依法严惩。要强化收费许可证和收费年审工作，及时办理收费许可证变更、注销手续；提高收费年审质量，通过年审及早发现收费项目、收费标准和收费管理中出现的问题，为加强行政收费的规范管理打下基础。同时，还要建立规范化的收费制定程序：一是建立收费成本监审机制。加快制定统一规范的收费成本核算方法，规范成本监审工作程序，建立科学的行政收费项目和标准的集体审批制度，以完善听证监督机制。地方政府还应把收费听证制度与收费动态管理制度结合起来，实行收费项目、标准的定期和不定期审查，以便于及时废止应该取消的行政收费项目；及时降低应该降低的收费标准，提高收费管理工作的计划性和主动性。

我们要广泛发动社会力量加大对行政收费的监管力度。提高全民的行政收费法制观念，积极推行行政收费公示以及"价格监督进社区"活动，扩大城市社区价格监督网络。聘请社区义务收费监督员与新闻媒体一起，协助企事业单位和个人运用法律法规的武器维护自身的合法权益，形成抵制乱收费的社会监督机制。

一、各级权力机关的监督

各级人民代表大会作为国家权力机关对政府进行监督，是《宪法》赋予人大的一项重要职权，它属于行政机关的外部监督。《各级人民代表大会常务委员会监督法》规定，县级以上人民政府应当接受同级人民代表大会常务委员会对决算草案、预算执行情况及预算外资金使用情况的审查监督。因此，在行政收费法律关系中，县级以上人民政府应当接受同级人民代表大会对行政收费收入和使用情况的监督。人大监督的事项包括：对行政主管部门即财政部门、价格部门的监督和对行政机关内部监督情况的监督。各级政府在向同级人民代表大会报告财政收支情况时，应当包括有关行政收费的具体内容。

二、行政主管部门的监督检查

在行政收费法律关系中，财政部门和价格部门作为行政主管部门，负责对履行行政管理职责的机关、机构及其人员以及公民、法人和其他社会组织的监督检查。此外，征收机构还要接受行政机关的内部监督和专门机关的监督。《地方各级人民代表大会和地方各级人民政府组织法》规定，县级以上人民政府领导所属各工作部门和下级人民政府的工作，可以改变或者撤销所属各工作部门的不适当的命令、指示和下级人民政府的不适当的决定、命令。在行政收费法律关系中，上级财政部门、价格部门对下级财政部门、价格部门所设定的行政收费项目和标准核定行为行使监督检查权力，及时纠正行政收费核定中的违法行为。行政监察机关对国家行政机关及其公务员在行政收费中的违法行为有权依法提出监察建议或做出监察决定。在行政收费法律关系中，审计部门在审计本级政府年度预算执行情况和其他财政收支情况时，应当对纳入预算管理和预算外资金管理的行政收费收支情况分别进行审计，并在审计报告中专门作出说明。

（一）财政部门对征收机构的监督

财政部门对征收机构的监督主要包括：建立健全行政收费的票据管理

与稽查制度，对征收机构的行政收费收入是否分类使用，是否实行收费许可证、收费公示、使用法定的收费收据、是否按时入库等情况进行监督检查。建立财政专户制度，加强对预算外资金的审查监督。预算外资金的支出必须由同级财政部门按预算外资金收支计划和单位财务收支计划统筹安排，从财政专户中拨付，严格实行收支两条线管理。

（二）价格部门对征收机构的监督检查

价格部门对征收机构的监督检查主要包括：认真做好收费标准的审核工作，严肃查处各种乱收费行为，特别是针对征收机构擅自扩大收费范围、擅自提高收费标准、增加收费频次等行政收费违法行为，应当及时查处。

各级人民政府财政部门、价格主管部门在监督检查中发现征收机构违反规定多收费的，除依法告知征收机构外，还应当抄告同级人民政府财政部门及时做出退库处理。征收机构发现本机构违反规定多收费的，应当主动报告同级人民政府财政部门。各级人民政府财政部门应当核定多收的行政收费数额及利息，及时退库。征收机构应当及时通知有关的公民、法人和其他社会组织，在规定的期限内退还办理多收的行政收费。

三、社会监督

公民、法人和其他社会组织发现有关行政收费违法行为的，有权向有管辖权的财政部门、价格部门、审计部门或者监察部门进行投诉举报。财政部门、价格部门、审计部门或者监察部门在接到投诉、举报后，应当及时完成核实处理，并将处理结果回复举报人。经查证属实的，应当给予投诉举报者适当奖励，并负责为其保密。公民、法人和其他社会组织发现行政主管机关或者审计、监察等专门机关有违法行为的，也可以向上级行政机关投诉举报。要继续加大政务信息公开的力度，公开有关行政收费的各种信息；引导新闻媒体开展对行政收费的监督，形成对行政收费的强大舆论监督力量。

第四章 建立我国行政收费法律制度的初步设想

第八节 行政收费的法律责任

财政部门、价格主管部门、征收机构、其他社会组织和公民等行政收费法律关系的主体应当对其违法行为承担不同的法律责任。

一、财政主管部门的法律责任

财政部门及其工作人员不履行监管职责，有下列情形之一的，应当由其上级行政机关或者监察机关责令改正；情节严重的，对直接负责的主管人员和其他直接责任人员依法给予行政处分：

（一）对不符合条件，准予核定或者超出法定职权核定行政收费项目的；

（二）未在规定时限内完成行政收费项目核定或者变更的；

（三）未按规定时限移送行政收费标准核定机构的；

（四）行政收费项目不予批准未及时告知当事人的；

（五）行政收费项目未公布目录或者未及时更新的；

（六）情况变化后未建议取消或者调整行政收费项目，未对相应的行政收费项目进行重新核定的；

（七）未将行政收费收入纳入预算管理或者预算外资金管理的；

（八）以任何形式向征收机构返还或者变相返还行政收费收入的；

（九）未及时依法退库的。

二、价格主管部门的法律责任

价格部门及其工作人员不履行职责有下列情形之一的，应当由其上级行政机关或者监察机关责令改正；情节严重的，对直接负责的主管人员和其他直接责任人员依法给予行政处分：

（一）超过行政收费标准核定时限未告知申请人并说明理由的；

（二）核定的行政收费标准明显高于实际成本的；

（三）无正当理由延长行政收费期限的；

（四）未在规定时限内制作并送达申请人行政收费许可证的；

（五）未公布行政收费标准目录或者未及时更新的；

（六）未及时通知减征、免征、缓征行政收费的。

三、征收机构的法律责任

第一，对违反有关法律法规规定设定行政收费的，各级人民政府财政部门应当责令设定该行政收费项目的机关改正，并依法予以撤销。这类情形包括：不符合条件而核定的行政收费项目，超过法定职权核定的行政收费项目，已被依法停止征收的行政收费项目。因这些原因被撤销的行政收费项目，相应的行政收费许可证和行政收费标准同时撤销。

第二，征收机构以及依法实施行政收费的事业单位、社会团体及其工作人员有下列情形之一的，应当由财政部门责令其改正；逾期不改正的，给予通报批评；情节严重的，对直接负责的主管人员和其他责任人员依法给予行政处分；构成犯罪的，依法追究刑事责任。这类情形包括：未经批准擅自收费的，继续收取已明令取消或停止执行的行政收费项目的，擅自扩大行政收费范围的，未按规定擅自委托或者改变征收机构的，未使用或者未出具行政收费专用票据的，未按规定时限将行政收费收入全额缴入同级国库或者财政专户的。

第三，征收机构以及依法实施行政收费的事业单位、社会团体及其工作人员有下列情形之一的，应当由价格部门责令其改正；逾期不改正的，给予通报批评；情节严重的，对直接负责的主管人员和其他责任人员依法给予行政处分；构成犯罪的，依法追究刑事责任。这类情形包括：擅自提高行政收费标准的，擅自改变行政收费方式的，擅自延长行政收费期限的，未按规定向社会公示行政收费许可证、收费流程、投诉举报电话的，涂改、倒卖、出租、出借、伪造、转让行政收费许可证的。

第四，征收机构以及依法实施行政收费的事业单位、社会团体及其工作人员有下列情形之一的，应当由其上级行政机关或者监察部门责令退还非法收取的费用，追缴非法所得；对直接负责的主管人员和其他责任人员依法给予行政处分；构成犯罪的，依法追究其刑事责任。这类情形包括：未经批准擅自收费的或者不按照行政收费项目和标准收费的，截留、挪用、私分或者变相私分行政收费收入的。

四、公民、法人或者其他社会组织的法律责任

公民、法人或者其他社会组织拒不履行行政收费义务的，由有关主管机关予以制止，并依法给予行政处罚；构成犯罪的，依法追究刑事责任。这类情形包括：在规定期限内不缴或者少缴行政收费的；经征收机构责令限期缴纳，逾期仍未缴纳的；未经批准擅自收费的等。

附 录

附 录

一、财政部、国家发展改革委关于发布《行政事业性收费项目审批管理暂行办法》的通知

（财综〔2004〕100号）

各省、自治区、直辖市、计划单列市财政厅（局）、发展改革委、物价局，新疆生产建设兵团财务局，财政部驻各省、自治区、直辖市、计划单列市财政监察专员办事处，党中央有关部门，国务院各部委、各直属机构，全国人大常委会办公厅，全国政协办公厅，高检院，高法院，有关人民团体：

  为加强行政事业性收费项目的审批管理，保护公民、法人和其他组织的合法权益，规范政府收入分配秩序，促进依法行政，我们制定了《行政事业性收费项目审批管理暂行办法》，现印发给你们，请遵照执行。执行过程中如发现问题，请及时向财政部、国家发展改革委反映，以便适时修改和完善。

  附件：行政事业性收费项目审批管理暂行办法

中华人民共和国财政部、国家发展和改革委员会
二〇〇四年十二月三十日

附件：

行政事业性收费项目审批管理暂行办法

第一章 总则

第一条 为加强行政事业性收费项目的审批管理，保护公民、法人和

其他组织的合法权益，规范政府收入分配秩序，促进依法行政，根据《国务院关于加强预算外资金管理的决定》〔国发〔1996〕29号〕、《中共中央国务院关于治理向企业乱收费、乱罚款和各种摊派等问题的决定》（中发〔1997〕14号）等有关规定，制定本办法。

第二条　行政事业性收费项目的申请设立、审批、变更、管理和监督等，适用本办法。

第三条　行政事业性收费（以下简称收费）是指国家机关、事业单位、代行政府职能的社会团体及其他组织根据法律、行政法规、地方性法规等有关规定，依照国务院规定程序批准，在向公民、法人提供特定服务的过程中，按照成本补偿和非盈利原则向特定服务对象收取的费用。

第四条　收费项目实行中央和省两级审批制度。国务院和省、自治区、直辖市人民政府（以下简称省级政府）及其财政、价格主管部门按照国家规定权限审批管理收费项目。

除国务院和省级政府及其财政、价格主管部门外，其他国家机关、事业单位、社会团体，以及省级以下（包括计划单列市和副省级城市）人民政府，均无权审批收费项目。

第五条　审批收费项目坚持公开、公平、公正的原则，严格遵循国务院和本办法规定的审批权限和程序。

第六条　国务院和省级政府的财政、价格主管部门加强对收费项目审批事项执行情况的监督检查，确保收费项目审批制度的落实。

第七条　公民、法人或其他组织有权拒绝缴纳和举报违反法律、行政法规、地方性法规以及本办法规定的收费。

第二章　收费项目的审批管理权限

第八条　除法律、行政法规和国务院另有规定外，中央国家机关、事业单位、代行政府职能的社会团体及其他组织（包括中央驻地方单位，以下简称中央单位）申请设立收费项目，应当向财政部、国家发展改革委提出书面申请，由财政部、国家发展改革委审批。

中央单位申请设立下列收费项目，属于重要收费项目，应当向财政部、国家发展改革委提出书面申请，由财政部、国家发展改革委审核后报国务院批准：

（一）在全国范围内实施的资源类收费；

（二）在全国范围内实施的公共事业类收费；

（三）对国民经济和社会发展具有较大影响的其他收费。

第九条 省级国家机关、事业单位、代行政府职能的社会团体及其他组织（以下简称省级单位），省以下国家机关、事业单位、代行政府职能的社会团体及其他组织（以下简称省以下单位），申请设立一般收费项目，应当向省、自治区、直辖市财政、价格主管部门（以下简称省级财政、价格主管部门）提出书面申请，由省级财政、价格主管部门审批。

省级单位、省以下单位申请设立重要收费项目，应当向省级财政、价格主管部门提出书面申请，由省级财政、价格主管部门审核后报省级政府批准。地方重要收费项目的范围由省级财政、价格主管部门确定。

省级单位、省以下单位申请设立专门面向企业的收费项目，应当向省级财政、价格主管部门提出书面申请，经省级财政、价格主管部门审核后报省级政府审批，省级政府在审批之前应当按照中发〔1997〕14号文件的规定征得财政部和国家发展改革委同意。

省级政府及其财政、价格主管部门批准设立的收费项目，应当于批准之日起30日内报财政部和国家发展改革委备案。

第十条 除法律、行政法规另有规定外，省级单位、省以下单位申请设立的收费项目，属于下列情况的，应当通过本系统或行业的中央主管部门统一向财政部、国家发展改革委提出书面申请，由财政部、国家发展改革委审批。

（一）在全国范围内实施的考试收费；

（二）在全国范围内实施的证照收费；

（三）在全国范围内实施的注册、登记等管理性收费；

（四）在全国范围内实施的检验、检测收费；

（五）在全国范围内实施的其他收费。

省级政府及其财政、价格主管部门无权审批在全国范围内实施的收费以及中央单位的收费项目。

第十一条 法律、行政法规、地方性法规中规定设立的收费项目，已明确具体收费对象、收费范围和收费标准的，依照其规定执行。

法律、行政法规中规定设立的收费项目，未明确具体收费对象、收费范围和收费标准的，其征收管理办法由财政部、国家发展改革委负责制定；地方性法规中规定设立的收费项目，未明确具体收费对象、收费范围和收费标准的，其征收管理办法由省级财政、价格主管部门负责制定。

第十二条 按照本办法第八条至第十一条规定批准设立的收费项目，在执行过程中需要变更收费单位、收费项目名称、收费对象、收费范围、收费环节、收费期限以及收费性质的，应当按照本办法第八条至第十一条规定的管理权限进行审批。

第十三条 除法律、行政法规、地方性法规以及国务院或省级政府及其财政、价格主管部门另有规定外，省以下人民政府可以批准减征、免征、缓征属于本级收入的收费。

第十四条 在收费项目执行过程中，如遇收费项目依据的法律、行政法规、地方性法规修改，以及国务院或省级政府及其财政、价格主管部门出台新规定，应当按照修改后的法律、行政法规、地方性法规或新的规定执行。因客观情况发生变化，收费项目不宜再继续执行的，应当按照本办法第八条至第十一条规定的管理权限予以撤销，或按照法律、行政法规、地方性法规规定程序撤销。

第三章 审批收费项目的原则

第十五条 审批收费项目应遵循下列原则：

（一）符合国际惯例或国际对等原则的，依照国际惯例或国际对等原则审批收费项目；

（二）法律、行政法规明确规定的行政许可收费，按照法律、行政法规规定审批收费项目；

（三）法律、行政法规、地方性法规明确规定的收费，且不属于行政许可收费的，按照法律、行政法规、地方性法规规定审批收费项目；

（四）向公民、法人提供除行政许可事项以外的特定公共服务，虽然没有法律、行政法规、地方性法规收费依据，但其服务对象具体、明确的，按照本办法规定审批收费项目。

第十六条 下列情况不得批准设立收费项目：

（一）行政许可收费没有法律、行政法规依据的；

（二）对行政审批、行政许可、各类证照、资格等事项进行监督检查、年检、年审或查验、收费没有法律、行政法规依据的；

（三）行政机关提供行政许可申请书格式文本的；

（四）收费具有地方性法规依据，但不符合法律、行政法规规定的；

（五）违反WTO规则的；

（六）形成对其他区域的政策歧视，属于地方保护收费，不利于全国市场统一的；

（七）专门面向农民收费的；

（八）有关部门和单位自行规定颁发证照的，或法律、行政法规、地方性法规、国务院规定颁发的证照已有印制经费来源的；

（九）未经人事部批准组织专门技术人员资格考试（含与评聘专业技术职务有关的考试，执业准入资格考试和职业水平认证考试，下同）的，未经劳动保障部批准组织职业技能鉴定考试的；除法律、行政法规、地方性法规或国务院和省级政府以及人事部、劳动保障部规定以外，有关部门和单位自行组织各类强制性考试的；根据法律、行政法规、地方性法规或国务院和省级政府规定组织的考试，经人事部批准组织专业技术人员资格考试，以及经劳动保障部批准组织职业技能鉴定考试，已有考试经费来源的；

（十）除法律、行政法规、地方性法规或国务院规定以外，有关部门和单位自行举办强制性培训或已有培训经费来源的；有关部门和单位为完成指令性培训任务举办培训班的；

（十一）除法律、行政法规、地方性法规或国务院规定以外，有关部门和单位强制要求公民、法人参加各种评比（包括评选、评价、评奖、评审、评优、展评等）活动的；

（十二）未经中央和省级机构编制部门批准自行设立的行政事业单位，以及法律、行政法规、地方性法规未作规定或未经同级政府批准，国家机关擅自将职责范围内的公务交由企事业单位、中介机构、社会团体办理的；

（十三）国家下达并有财政预算经费的指令性产品质量检验任务、产品质量监督抽查和流通环节的产品质量检验的；

（十四）与国务院或省级政府及其财政、价格主管部门批准的收费项目重复交叉设置的；

（十五）与明令公布取消的收费项目相类似的。

第四章　收费项目的审批程序

第十七条　中央单位申请设立收费项目，应当统一归口由中央主管部门的财务机构负责提出，并以部（委、局）级公文形式报财政部、国家发展改革委。省级单位、省以下单位申请设立收费项目的方式，由省级财政、价格主管部门参照本办法确定。

第十八条　申请设立收费项目文件应当包括下列内容：收费项目名称、收费理由、收费目的、收费对象、收费范围、收费标准、收费单位、收费方式、执行期限、收费收入解缴方式、预计年度收费金额，以及收费单位的性质、人员、经费来源状况和财务管理体制等。同时，还应提交有关收费的法律、行政法规、地方性法规依据。按照国际惯例或国际对等原则申请设立的收费项目，还应当提交有关资料。没有法律、行政法规、地方性法规依据的，应当对收费理由进行详细说明。

第十九条　财政部、国家发展改革委或省级财政、价格主管部门收到申请设立收费项目文件后，应当对申请文件的形式及其包括的内容进行初步审查。对符合本办法规定的，应当予以受理；对不符合本办法规定的，应当及时通知申请单位对申请文件作出相应修改或补充相关资料。

第二十条　财政部、国家发展改革委或省级财政、价格主管部门在正式受理申请文件后，应当对收费项目是否符合法律、行政法规或地方性法规规定等内容进行审查，对申请设立收费项目的有关情况进行调查，通过召开座谈会、论证会、书面征求意见等形式，广泛听取缴费人和其他相关部门或单位的意见。

第二十一条　财政部、国家发展改革委或省级财政、价格主管部门应当自受理申请文件之日起60个工作日内，会同有关部门作出审批或审核收费项目的书面决定。由于客观原因未能在规定时间内作出审批或审核收费项目书面决定的，应当向申请单位说明具体理由。

第二十二条　审批或审核收费项目的书面决定，以公文形式发布。其内容包括：审批收费项目的依据、收费单位、收费项目名称、收费对象、收费范围、收费环节、收费方式、收费期限、收费票据、收费性质、资金管理、解缴方式、监督检查等。对不予批准的收费项目，应当说明不予批准的理由。

第二十三条　省级政府就其拟审批的专门面向企业的收费项目，以公文形式征求财政部和国家发展改革委意见时，财政部、国家发展改革委应当及时以公文形式作出答复。

第二十四条　本办法第十二条至第十四条涉及的收费项目，其审批程序按照本办法第十七条至第二十三条规定执行。

第五章　收费项目的管理和监督

第二十五条　实行收入分成的收费项目，按照《财政部关于加强政府非税收入管理的通知》（财综〔2004〕53号）的有关规定管理。

第二十六条　依照本办法规定经批准的收费项目，财政部、国家发展改革委及省级财政、价格主管部门应当通过文件、文告等形式向社会公布。

收费单位应当建立收费公示制度,在收费场所公示收费文件依据、收费主体、收费项目、收费范围、收费标准、收费对象等,接受社会监督。

第二十七条 依照本办法规定经批准的收费项目,收费单位在实施收费时,应当到指定的价格主管部门办理收费许可证,并按财务隶属关系分别使用财政部或省级财政部门统一监制的票据。

依照本办法规定经批准变更或撤销的收费项目,收费单位应当按规定程序到原核发收费许可证的价格主管部门办理收费许可证变更或注销手续,并到原核发票据的财政部门办理票据变更或注销手续。

第二十八条 根据本办法规定新审批的收费项目,收费收入一律按照财政部和省级财政部门规定全额缴入国库。过去已按规定程序审批的收费项目,收费收入应当逐步缴入国库;暂时不能缴入国库的,应当全额缴入财政专户,实行"收支两条线"管理。

凡按照本办法规定,收入全额缴入国库或财政专户,实行"收支两条线"管理的收费项目,不征收营业税和企业所得税。

第二十九条 收费单位应当建立健全收费财务管理制度,按照财政部、省级财政部门规定及时将收费收入缴入国库或财政专户,不得隐瞒、截留、占压、坐支和挪用收费资金。

第三十条 财政部、国家发展改革委应当于每年3月1日前编制截至上年12月31日的全国性及中央单位收费项目目录,向社会公布。省级财政、价格主管部门应当于每年4月1日前编制本行政区域内截至上年12月31日的收费项目目录,在全省(自治区、直辖市)范围内公布,并报财政部和国家发展改革委备案。

第三十一条 严禁违反本办法规定越权审批或设立收费项目。未经法律、行政法规、地方性法规规定,以及国务院或省级政府及其财政、价格主管部门批准,不得将收费项目转为经营服务性收费项目管理。

第三十二条 财政部、国家发展改革委及省级财政、价格主管部门应当建立健全收费项目管理制度,加强对收费项目审批执行情况的日常监督检查和年度检查,发现问题及时予以纠正和处理。

第三十三条 收费单位应当严格按照批准的收费项目及有关管理规定执行，如实提供有关收费的情况和资料，自觉接受财政、价格、审计、监察等部门的监督检查。

第三十四条 县级以上财政、价格主管部门应当设立举报电话，接受公民、法人或者其他组织对乱收费的举报和投诉，并对举报和投诉属实的乱收费问题及时予以答复和处理。

第六章 法律责任

第三十五条 除法律、行政法规另有规定外，收费单位违反本办法规定，具有下列情形之一的，由财政、价格主管部门按照各自职责分工责令其改正，限期退还已收取的收费款项，对确实无法退还的违法所得，按照《财政违法行为处罚处分条例》（国务院令第 427 号）的有关规定进行处罚：

（一）擅自设立行政事业性收费项目的；

（二）擅自将政府性基金转为行政事业性收费的；

（三）擅自扩大行政事业性收费范围、改变收费环节、收费对象的；

（四）继续收取已明令取消、停止执行的行政事业性收费项目或变更名称继续收取的；

（五）擅自延长行政事业性收费期限的。

第三十六条 除法律、行政法规另有规定外，收费单位违反本办法规定，具有下列情形之一的，由财政、价格主管部门按照各自职责分工责令其改正，补收应当收取的收费款项：

（一）擅自改变收费主体的；

（二）擅自将行政事业性收费转为经营服务性收费的；

（三）擅自撤销收费项目的；

（四）擅自缩小收费范围、缩短收费期限的；

（五）擅自减征、免征、缓征收费的；

（六）未按规定在收费场所公布收费项目文件的；

（七）拒绝接受检查或不如实提供有关行政事业性收费资料的。

第三十七条 收费单位未按规定将收费收入缴入国库或财政专户，实行"收支两条线"管理的，由财政部门责令其改正，调整有关会计账目，收缴应当上缴的收费收入。

第三十八条 收费单位未按规定领取财政部门颁发的《票据购领证》，未按规定购领、使用票据的，未按规定建立票据管理制度并由专人负责管理票据的，由财政部门责令其改正，并按照《财政违法行为处罚处分条例》（国务院令第427号）的有关规定处理。

第三十九条 对违反本办法第三十五条至第三十八条规定的有关单位直接负责的主管人员和其他直接责任人员，按照《违反行政事业性收费和罚没收入收支两条线管理规定行政处分暂行规定》（国务院令第281号）等有关法律、行政法规规定，给予行政处分。构成犯罪的，移交司法机关依法追究其刑事责任。

第四十条 收费单位对财政、价格主管部门处理决定不服的，可以依法申请行政复议或提起行政诉讼。

第四十一条 各级财政、价格主管部门及其检查人员在检查过程中向被查部门或单位收取费用的，责令退回，并依法对负有直接责任的人员给予行政处分。

第四十二条 各级财政、价格主管部门检查人员违反法律、行政法规、地方性法规的规定，在工作中徇私舞弊、玩忽职守、滥用职权的，依法给予行政处分；构成犯罪的，依法追究其刑事责任。

第七章 附则

第四十三条 各级人民政府及其所属部门根据法律、行政法规规定，为支持某项公共事业发展，向公民、法人和其他组织无偿征收的具有专项用途的政府性基金，事业单位、社会团体、中介机构、民办非企业单位按照市场要求并根据自愿有偿原则提供服务取得的经营服务性收费，不属于行政事业性收费，不适用本办法。

第四十四条 省级财政、价格主管部门可以根据本办法的规定，结合本地区实际制定具体实施办法，并报财政部和国家发展改革委备案。

第四十五条 本办法由财政部、国家发展改革委负责解释。

第四十六条 本办法自 2005 年 1 月 1 日起施行。过去有关规定与本办法规定不一致的，一律按照本办法规定执行。

二、国家发展改革委、财政部关于印发《行政事业性收费标准管理暂行办法》的通知

(发改价格〔2006〕532号)

各省、自治区、直辖市、计划单列市发展改革委、物价局、财政厅(局),党中央有关部门,国务院各部委、各直属机构,全国人大常委会办公厅,全国政协办公厅,高检院,高法院,有关人民团体:

  为加强国家机关和事业单位的收费管理,规范收费标准管理行为,提高收费决策的科学性和透明度,我们制定了《行政事业性收费标准管理暂行办法》,现印发给你们,请遵照执行。

  附:行政事业性收费标准管理暂行办法

国家发展改革委
财政部
二〇〇六年三月二十七日

附:

行政事业性收费标准管理暂行办法

第一章 总则

  第一条 为加强行政事业性收费标准管理,保护公民、法人和其他组织的合法权益,规范对收费标准的管理行为,提高收费决策的科学性和透明度,根据国家有关规定,制定本办法。

  第二条 中华人民共和国境内行政事业性收费标准的申请、受理、调

查、论证、审核、决策、公布、公示、监督、检查等，适用本办法。有法律法规规定的，从其规定。

第三条 本办法所称行政事业性收费（以下简称收费），是指国家机关、事业单位、代行政府职能的社会团体及其他组织根据法律法规等有关规定，依照国务院规定程序批准，在实施社会公共管理，以及在向公民、法人提供特定公共服务过程中，向特定对象收取的费用。

第四条 收费标准实行中央和省两级审批制度。国务院和省、自治区、直辖市人民政府（以下简称"省级政府"）的价格、财政部门按照规定权限审批收费标准。

中央有关部门和单位（包括中央驻地方单位，下同），以及全国或区域（跨省、自治区、直辖市）范围内实施收费的收费标准，由国务院价格、财政部门审批。其中，重要收费项目的收费标准应由国务院价格、财政部门审核后报请国务院批准。

除上款规定的其他收费标准，由省级政府价格、财政部门审批，并于批准执行之日起 30 日内报国务院价格、财政部门备案。其中，重要收费项目的收费标准应由省级价格、财政部门审核后报请省级政府批准。

第五条 审批收费标准应遵循以下原则：

（一）公平、公正、公开和效率的原则；

（二）满足社会公共管理需要，合理补偿管理或服务成本，并与社会承受能力相适应的原则；

（三）促进环境保护、资源节约和有效利用，以及经济和社会事业持续发展的原则；

（四）符合国际惯例和国际对等的原则。

第六条 各级价格、财政部门要加强对收费标准的监督管理，确保本办法的贯彻落实。

第七条 公民、法人或其他组织有权拒绝缴纳和举报违反法律法规以及本办法规定的收费。

第二章 收费标准的申请和受理

第八条 除法律法规和省级以上人民政府另有规定外，制定或调整收费标准，由收费单位按规定的管理权限，向国务院价格、财政部门或省级政府价格、财政部门（以下简称"价格、财政部门"）提出书面申请。

国务院价格、财政部门负责审批的收费标准，应统一归口由中央有关部门、省级政府或其价格、财政部门提出书面申请，并以公文形式报国务院价格、财政部门。

省级政府价格、财政部门负责审批的收费标准，应由省级政府有关部门、地市级人民政府或其价格、财政部门向省级政府价格、财政部门提出书面申请。

第九条 申请制定或调整收费标准应提供以下材料：

（一）申请制定或调整的收费标准和理由，年度收费额或调整后的收费增减额；

（二）申请制定或调整收费标准的成本测算材料，其中技术含量高、专业性强的，应提供相关中介机构或专业机构出具的成本审核资料；

（三）相关的法律法规、规章和政策规定；

（四）收费单位的有关情况，包括收费单位性质、职能设置、人员配备、经费来源等；

（五）对收费对象及相关行业的影响；

（六）价格、财政部门认为应该提供的其他相关材料。

申请人提供的材料应当真实、有效。

第十条 价格、财政部门收到申请后，应对申请材料的形式及内容进行初步审查。对符合本办法规定的，应予以受理；对不符合本办法规定的，应及时通知申请单位对申请材料作出修改或补充。

第十一条 具有下列情形之一的申请，不予以受理：

（一）申请依据与现行法律法规、规章和政策相抵触的；

（二）制定或调整收费标准的理由不充分或明显不合理的；

（三）提供虚假材料的；

（四）超出价格、财政部门审批权限的。

对不予受理的申请，应在接到申请之日起 15 个工作日内正式通知申请单位，并说明理由。

第三章　收费标准审批的程序和原则

第十二条　价格、财政部门在收到申请后，应根据具体情况开展以下工作：

（一）审查是否符合国家有关法律法规、规章和政策规定；

（二）审查申请材料是否真实、有效；

（三）审查收费单位申请的收费标准与其履行职能需要是否相适应；

（四）对实施收费的操作性、社会承受能力及相关事宜进行调查研究。

第十三条　价格、财政部门可以采用召开座谈会、论证会、听证会或书面征求意见等形式，征求社会有关方面的意见。

第十四条　对技术含量高、专业性强的收费标准可进行专家论证。

第十五条　对符合规定申请的收费标准，应根据收费的不同性质实行分类审核。

第十六条　行政管理类收费，即根据法律法规规定，在行使国家管理职能时，向被管理对象收取的费用，收费标准按照行使管理职能的需要从严审核。其中，各种证件、牌照、簿卡等证照收费标准按证照印制、发放的直接成本，即印制费用、运输费用、仓储费用及合理损耗审核。

证照印制费用原则上按招标价格确定。全国统一印制，分散发放的证照，应分别制定印制证照和具体发放证照部门的收费标准。

第十七条　资源补偿类收费，即根据法律法规规定向开采、利用自然和社会公共资源者收取的费用，收费标准参考相关资源的价值或其稀缺性，并考虑可持续发展等因素审核。对开采利用自然资源造成环境污染或其他环境损害的，审核收费标准时，还应充分考虑相关环境治理和恢复的成本。

第十八条　鉴定类收费，即根据法律法规规定，行使或代行政府职能强制实施检验、检测、检定、认证、检疫等收取的费用，收费标准根据行使管理职能的需要，按照鉴定的实际成本审核。

第十九条　考试类收费，即根据法律法规、国务院或省级政府文件规定组织考试收取的费用，以及组织经人事部或劳动和社会保障部批准的专业技术资格、执业资格或职业资格考试收取的费用，收费标准按照组织报名考试的成本从严审核。

在全国范围内统一组织的考试，应分别制定中央有关单位向各地考试机构收取的考务费收费标准和各地考试机构向考生收取的考试费收费标准。

第二十条　培训类收费，即根据法律法规或国务院规定开展强制性培训收取的费用，收费标准按照培训的社会平均成本审核。首先根据培训的门类、科目、等级核定培训课时的分类收费标准，其次按照培训课时设置情况，分别审核具体的收费标准。

第二十一条　其他收费类别的收费标准，根据管理或服务需要，按照成本补偿和非营利原则审核。

第二十二条　收费涉及与其他国家或地区关系的，收费标准按照国际惯例和对等原则审核。

第二十三条　实施相关管理或服务有其他经费来源的，审核收费标准时应考虑相应的扣除因素。其他经费来源指财政拨款、赞助等。

第二十四条　价格、财政部门在受理收费标准申请后，应根据不同情况，在规定时限内作出决定。

（一）对不需要召开座谈会、论证会、听证会的收费标准，应在60个工作日内作出审批决定；

（二）对需要召开座谈会、论证会的收费标准，应在90个工作日内作出审批决定；

（三）对需要召开听证会的收费标准，根据听证的有关程序和时限作出审批决定。

以上时间不包括上报国务院或省级政府批准的时间。

对在规定时限内不能按时作出决定的收费标准，应及时向申请人作出书面说明。

第二十五条　审批收费标准的书面决定，以价格、财政部门的公文形式发布。其内容主要包括：收费主体、收费对象、收费范围、计费（量）单位和标准、收费频次、执行期限等。

第二十六条　新制定的收费标准，应规定试行期限。试行期满后，收费单位应按规定权限和程序重新申报；价格、财政部门根据试行情况和本办法规定重新制定收费标准。

第四章　收费标准的公布和管理

第二十七条　除涉及国家秘密外，价格、财政部门应及时将批准的收费标准通知申请人和有关单位，并向社会公布。

第二十八条　收费单位应在收费地点的显著位置公示收费项目、收费标准、收费主体、收费文件依据、收费范围、收费对象等，接受社会监督。

第二十九条　收费单位实施收费时，应到指定的价格主管部门办理收费许可证申领或变更手续，并按财务隶属关系分别使用财政部或省级政府财政部门统一印制的财政票据。

第三十条　收费单位应按规定参加收费年度审验。

第三十一条　价格、财政部门应对收费标准执行情况进行监测或定期审核。情况发生变化的，应对收费标准及时进行调整。

第三十二条　定期审核的内容包括：

（一）收费单位收费标准的执行情况；

（二）收费单位的收支情况、缴费公民、法人和其他组织的反映；

（三）制定收费的标准、形式和方法是否符合变化的实际情况；

（四）价格、财政部门认为需要定期审核的其他内容。

第五章 法律责任

第三十三条 收费单位违反本办法规定，具有下列情形之一的，由各级价格、财政部门按照职责分工责令其改正，并按有关规定予以处罚。

（一）自行提高收费标准、延长收费时限、增加收费频次等违规乱收费的；

（二）继续收取已明令取消或停止执行的收费标准的；

（三）未按规定向社会公示收费项目、收费标准收费的；

（四）未按规定申领收费许可证或办理变更手续等收费的；

（五）其他违反收费管理规定的。

第三十四条 各级政府及其部门违反本办法规定，擅自审批收费标准的，责令改正，情节严重的给予通报批评，并对直接负责的主管人员和其他直接责任人员，依法给予处分。

第三十五条 各级价格、财政部门工作人员在收费管理工作中，滥用职权、徇私舞弊、玩忽职守、索贿受贿，构成犯罪的，依法追究刑事责任；尚不构成犯罪的，依法给予处分。

第六章 附则

第三十六条 企业、事业单位、社会团体及其他组织按照自愿有偿原则，提供服务取得的经营服务性收费，不适用本办法。

第三十七条 本办法由国家发展改革委、财政部负责解释。

第三十八条 本办法从2006年7月1日起执行。

三、财政部、国家发展改革委、监察部、审计署关于加强中央部门单位行政事业性收费等收入"收支两条线"管理的通知

（财综〔2003〕29号）

国务院各部委、各直属机构：

为落实《国务院办公厅转发〈财政部关于深化收支两条线改革 进一步加强财政管理意见〉的通知》（国办发〔2001〕93号）规定，进一步规范政府收入分配秩序，从源头上预防和治理腐败，根据国务院领导的指示精神，现就加强中央部门和单位行政事业性收费等政府非税收入"收支两条线"管理的有关事宜通知如下：

一、行政事业性收费等政府非税收入必须按照规定实行"收支两条线"管理

中央部门和单位按照国家有关规定收取或取得的行政事业性收费、政府性基金、罚款和罚没收入、彩票公益金和发行费、国有资产经营收益、以政府名义接受的捐赠收入、主管部门集中收入等属于政府非税收入，必须严格按照国务院或者财政部规定全额上缴国库或财政专户，不得隐瞒、截留、挤占、坐支和挪用。实行中央与地方分成的政府非税收入，应当按照国务院或者财政部规定的分成比例分别上缴中央和地方国库或者财政专户。未经国务院或者财政部批准，中央部门和单位不得擅自对政府非税收入实行中央与地方收入分成，或者集中地方政府非税收入。

按照国办发〔2001〕93号文件的规定，自本通知发布之日起，取消中央部门和单位有关行政事业性收费按照比例或者收支结余上缴中央国库或者财政专户的规定。中央部门和单位所属高校（包括中央党校所属函授

学院）学费、住宿费、委培费和函大、夜大以及短训班培训费等行政事业性收费收入，一律全额上缴中央财政专户；中央部门和单位按照原国家计委、财政部规定收取的护照加急费、认证加急费等收入，一律全额上缴中央财政专户；司法部按照原国家物价局、财政部规定收取的外国律师事务所办事处申请手续费、外国律师事务所办事处年检费，一律全额上缴中央国库；国家质量监督检验检疫总局按照财政部、原国家计委规定收取的行政事业性收费，一律全额上缴中央国库或财政专户。中央部门和单位要严格执行上述规定，不得截留、挤占、隐瞒、坐支、挪用行政事业性收费等政府非税收入。中央电视台、中央人民广播电台等取得的广告收入暂维持现行管理办法，即在缴纳营业税后"70%上缴中央财政专户、30%留用"。

2003年，财政部继续将未纳入财政预算管理的行政事业性收费纳入财政预算管理，进一步缩小预算外资金规模。

二、加快行政事业性收费等政府非税收入收缴改革步伐

按照财政国库管理制度改革的要求，根据《财政部 中国人民银行关于印发〈预算外资金收入收缴管理制度改革方案〉的通知》（财库〔2002〕37号）以及《财政部 中国人民银行关于印发〈中央单位预算外资金收入收缴改革试点办法〉的通知》（财库〔2002〕38号）的规定，2003年财政部将在2002年部分中央部门和单位行政事业性收费等政府非税收入收缴管理改革试点的基础上，进一步扩大改革试点范围，规范政府非税收入收缴秩序。被列入改革试点范围的中央部门和单位，要积极做好改革前期的各项准备工作，认真做好本部门和单位收入过渡性银行账户清理、注销，清查行政事业性收费等政府非税收入项目，填报《收入收缴管理制度改革试点基本情况表》、《执收单位分布情况表》，安装政府非税收入收缴管理信息系统执收单位软件，加强对收入收缴改革试点的宣传和培训等工作。在积极推进改革的同时，要加大政府非税收入管理力度。中央部门和单位要认真履行职责，加强行政事业性收费等各项政府非税收入的

征收工作，财政部及其驻各地财政监察专员办事处和审计署要加强对政府非税收入解缴情况的监督，确保中央部门和单位各项政府非税收入及时、足额上缴国库或财政专户，提高财政资金运行效率。

三、强化行政事业性收费等政府非税收入预算管理

中央部门和单位按照国家规定收取或取得的行政事业性收费等政府非税收入全额上缴国库或财政专户后，必须统一纳入部门预算编制范围。财政部将根据中央部门和单位履行职能的需要，合理核定其预算支出，进一步明确部门预算支出范围和细化部门预算支出项目。同时，要增强服务意识和保障意识，确保部门正常经费的足额安排和及时拨付。中央部门和单位应当按照部门预算规定的支出项目，安排和使用资金。

四、严格执行行政事业性收费和政府性基金审批管理规定

按照《国务院关于加强预算外资金管理的决定》（国发〔1996〕29号）的规定，中央部门和单位设立行政事业性收费项目，必须报财政部会同国家发展改革委审批；中央部门和单位制定或调整行政事业性收费标准，必须报国家发展改革委会同财政部审批；重要的行政事业性收费项目由财政部、国家发展改革委报国务院审批，重要的收费标准由国家发展改革委、财政部报国务院审批。中央部门和单位征收政府性基金，必须具有法律、行政法规和中共中央、国务院文件依据，并按照规定统一报财政部会同有关部门审批；重要的政府性基金，由财政部报国务院审批。严禁越权设立行政事业性收费和政府性基金项目、扩大征收范围、提高征收标准。

中央部门和单位要按照上述规定对本部门和单位行政事业性收费及政府性基金进行全面清理。主要是未按规定程序批准设立的行政事业性收费和政府性基金，必须立即取消；擅自扩大征收范围或者提高征收标准的，必须立即纠正。

五、严禁未经批准将行政事业性收费转为经营服务性收费管理

中央部门和单位应当按照《国家计委、国家经贸委、财政部、监察部、审计署、国务院纠风办关于印发〈中介服务收费管理办法〉的通知》(计价格〔1999〕2255号)和财政部、原国家计委《关于事业单位和社会团体有关收费管理问题的通知》(财规〔2000〕47号)等规定,严格区别行政事业性收费和经营服务性收费。中央部门和单位所属事业单位、社会团体和其他组织代行政府职能强制实施具有垄断性质的仲裁、认证、检验、鉴定收费,以及中央部门和单位授权或委托的事业单位根据法律法规和部门规章等规定开展各类强制性培训(包括面向社会和面向系统内部的培训)收取的培训费,不得作为经营服务性收费管理。

过去经财政部、原国家计委(原国家物价局)批准,目前已不再具有政府公共管理和公共服务性质,且体现市场经营服务特征的行政事业性收费,需要转为经营服务性收费的,必须按照规定程序报经财政部会同国家发展改革委批准。未经财政部会同国家发展改革委批准,有关部门和单位不得自行将行政事业性收费转为经营服务性收费,更不得将国家明令取消的行政事业性收费转为经营服务性收费继续收取。

六、为加强中央部门和单位内部财务核算与审计监督

中央部门和单位要建立健全内部财务会计核算制度。各部门和单位的财务机构要统一负责管理本部门和本单位财务收支活动;各部门和单位所属事业单位取得的经营服务性收费,要按照国家有关财务会计制度规定进行核算和管理,并与行政事业性收费等政府非税收入分开核算;中央部门和单位要加强内部财务审计监督,及时纠正和查处各种违反"收支两条线"管理规定的行为,严禁私设"小金库"。

七、加大监督检查和处罚力度

财政部、国家发展改革委、监察部、审计署要按照职责分工,加强对

附 录

中央部门和单位行政事业性收费等政府非税收入的监督检查，开展中央部门和单位行政事业性收费和政府性基金"收支两条线"的专项检查和审计。对违反"收支两条线"管理有关规定的，要按照《国务院关于违反财政法规处罚的暂行规定》（国发〔1987〕58号）和《违反行政事业性收费和罚没收入收支两条线管理规定行政处分暂行规定》（国务院令第281号）等有关法律、行政法规进行处罚，并追究有关责任人员的行政责任。

财政部　国家发展改革委
监察部　审计署
二〇〇三年五月九日

四、财政部关于统一归口管理中央部门和单位的行政事业性收费及政府性基金等问题的通知

(财综字〔1999〕103号 1999年6月25日)

国务院各部委、各直属机构:

为加强中央国家机关、事业单位、社会团体以及具有行政管理职能的行业主管部门(以下简称"中央部门和单位")行政事业性收费和政府性基金(包括资金、附加,下同)管理,规范中央部门和单位收费行为,根据国务院减轻企业负担办公室会议精神,现就统一归口管理中央部门和单位行政事业性收费和政府性基金的有关事宜通知如下:

一、中央部门和单位凡涉及行政事业性收费、政府性基金的有关事务,包括申请立项、调整收费标准、购领票据,以及与之相关的财务收支活动,统一由中央部门和单位的财务机构归口管理。

二、中央部门和单位凡申请设立或变更行政事业性收费项目,一律统一归口由中央部门的财务机构负责提出,并以部(委、局)级公文形式报财政部、国家计委审批;调整行政事业性收费标准,一律统一归口由中央部门的财务机构负责提出,并以部(委、局)级公文形式报国家计委、财政部审批;重要的行政事业性收费项目和收费标准,由财政部、国家计委按照职责分工报请国务院批准。中央部门和单位凡申请设立或变更政府性基金项目。调整政府性基金征收标准,一律统一归口由中央部门的财务机构负责提出,并以部(委、局)级公文形式报财政部审批;重要的政府性基金项目,由财政部报请国务院审批。

三、中央部门和单位的行政事业性收费票据及政府性基金票据,由中央部门和单位的财务机构严格按照财政部发布的《关于印发〈行政事业性

收费和政府性基金票据管理规定〉的通知》（财综字〔1998〕104号）和《关于加强中央单位行政事业性收费和政府性基金票据管理的通知》（财综字〔1998〕24号）的规定，统一向财政部或省级财政部门购领，并按规定负责本部门和本单位所用票据的保管、登记、发放等管理工作。

四、中央部门和单位经国务院或财政部、国家计委批准收取的行政事业性收费，经国务院或财政部批准收取的政府性基金，收入由中央部门和单位的财务机构统一集中管理，并按照财政部规定，分别上缴中央金库或中央预算外资金财政专户；支出由中央部门的财务机构按照财政批准的单位预算和预算外资金退以计划，根据开支需要，向财政部申请用款，报财政部批准后，由财政部统一核拨给中央部门的财务机构，并按规定用途安排使用。

五、中央部门和单位的行政事业性收费及政府性基金收支预决算（预算内）、预算外资金收支计划和决算以及有关财务收支报表，由中央部门的财务机构统一汇总后报送财政部。

六、中央部门和单位的财务机构要加强对本部门、本单位收取的行政事业性收费、政府性基金的管理，严格执行国家有关行政事业性收费和政府性基金管理的法规、规章和制度，督促执收单位严格按照国家规定的项目、范围和标准收费，并将收取的资金及时足额上缴中央金库或中央预算外资金财政专户。

七、本通知自发布之日起执行。

五、财政部关于印发《行政事业性收费和政府性基金票据管理规定》的通知

（财综字〔1998〕104号）

国务院各部委、各直属机构,各省、自治区、直辖市财政厅（局）,新疆生产建设兵团：

    为贯彻《国务院关于加强预算外资金管理的决定》和《中共中央、国务院关于治理向企业乱收费、乱罚款和各种摊派等问题决定》的有关规定,进一步加强行政事业性收费和政府性基金的管理,规范行政事业性收费、政府性基金等相关票据的管理工作,我部对1994年12月1日发布的《关于行政事业性收费票据管理的暂行规定》进行了修订。现将修订后的《行政事业性收费和政府性基金票据管理规定》印发给你们,请遵照执行。

    附件：行政事业性收费和政府性基金票据管理规定

中华人民共和国财政部

一九九八年九月二十一日

附件：

行政事业性收费和政府性基金票据管理规定

第一章 总则

    第一条 为了加强行政事业性收费和政府性基金（资金、附加,下同）的管理,规范行政事业性收费和政府性基金票据（以下简称"收费票据"）的印制、发放、购领、使用、保管及核销的管理,制止各种乱收费,

维护国家利益，保护公民、法人和其他组织的合法权益，根据《国务院关于加强预算外资金管理的决定》和《中共中央、国务院关于治理向企业乱收费、乱罚款和各种摊派等问题的决定》的规定，制定本规定。

第二条 本规定所称收费票据是指国家机关、事业单位、社会团体、具有行政管理职能的企业主管部门和政府委托的其他机构（以下简称"收费单位"），为履行或代行政府职能，依据法律、法规和具有法律效力的行政规章的规定，在收取行政事业性收费和征收政府性基金时，向被收取单位或个人开具的收款凭证。收费票据是单位财务收支的法定凭证和会计核算的原始凭证，是财政、审计等部门进行检查监督的重要依据。

第三条 除法律、法规另有规定外，收费票据的印制、发放、购领、使用、保管及核销，适用本规定。

第四条 财政部门是收费票据管理的主管机关。财政部和省、自治区、直辖市财政部门按照管理权限负责收费票据的印制、发放、核销、稽查及其他监督管理工作。省以下财政部门负责收费票据的使用监督管理工作。未经省级以上财政部门委托，任何单位和个人不得自行印制、发放、出售、销毁和承印收费票据。

收费单位使用的收费票据由单位财务部门统一购领和管理。

第二章 收费票据的种类及适用范围

第五条 收费票据包括行政事业性收费票据和政府性基金票据，分为通用票据和专用票据两类。

第六条 通用票据是指满足一般收费特点，具有通用性质的票据，适用于普通行政事业性收费。专用票据是指为适应特殊需要，具有特定式样的专用性票据，适用于特定的行政事业性收费和政府性基金。专用票据分为定额专用票据和非定额专用票据两种。

第七条 通用票据和专用票据一般应设置为三联，第一联为存根联，由开票方留存备查；第二联为收据联，由付款方收执；第三联为记账联，由征收机关（单位）作为记账凭证。如有特殊需要的收费票据，经省级以上财政部门批准可适当增加联次。

第八条 通用票据和各种专用票据不得互相串用，也不得转让、转借、代开。

第三章 收费票据的监（印）制

第九条 收费票据由省级以上财政部门统一监（印）制，分级管理。收费单位应按财务隶属关系购领和使用财政部或省、自治区、直辖市财政部门统一监（印）制的票据。

第十条 通用票据的式样、规格、联次、内容，由省级以上财政部门制定；专用票据（包括使用计算机开具的收费票据和委托银行托收开具的收费票据）的式样、规格、联次、内容，由省级以上财政部门根据有关部门的要求制定。

第十一条 收费票据必须由省级以上财政部门指定印刷企业印制，并加盖省级以上财政部门票据监（印）制章。票据监（印）制章的形状、规格和印色，由省级以上财政部门确定。未经省级以上财政部门批准，任何单位和个人不得印制收费票据。禁止在境外印制收费票据。

收费票据及票据监（印）制章实行不定期换版制度。

第十二条 收费票据印制企业，由省级以上财政部门严格审查，并发给收费票据准印资格证书。收费票据印制企业应当按照省级以上财政部门批准的式样和数量印制收费票据，保证收费票据的质量、安全和及时供应。收费票据印制企业应当按照省级以上财政部门的要求，建立收费票据印制、运输和保管制度，保证收费票据在印制、运输及保管等各个环节的安全。收费票据印制企业应当对票据监（印）制章的使用和管理实行专人负责制度。财政部门应当定期对收费票据印制企业进行检查，对不符合条件的收费票据印制企业，应取消其印制收费票据的资格，并收回发给的准印资格证书。

第四章 收费票据的购领和核销

第十三条 收费票据由各级财政部门或其委托的票据管理机构负责发

放和核销。除法律、法规另有规定外，收费单位实施行政事业性收费或征收政府性基金，一律按本规定使用省级以上财政部门监（印）制的收费票据。凡不按本规定使用票据的，被收费单位或个人有权拒绝付款，财务部门不得作为报销凭证。

第十四条　收费票据实行分次限量购领制度。收费单位首次购领收费票据，必须向同级财政部门或其委托的票据管理机构提出申请，同时提交规定收取行政事业性收费和征收政府性基金的法律、法规复印件，国务院或省级以上财政部门会同物价部门批准收取行政事业性收费的文件复印件，国务院或财政部批准设立政府性基金的文件复印件。申请收费票据的单位，应属于财务独立核算单位，有健全的财务会计制度。经同级财政部门或其委托的票据管理机构审查符合规定后，发给"票据购领证"。收费单位凭证收购领收费票据。

收费单位再次购领收费票据，应出示"票据购领证"，并提交前次使用票据的情况，包括票据的册数、号码、收取资金的数额等，经同级财政部门或其委托的票据管理机构审核，并确定其所收取的行政事业性收费或征收的政府性基金收入已按规定上缴同级金库或财政专户后，方可继续购领票据。

第十五条　收费单位已开具的收费票据存根，应妥善保管，保管期一般应为五年。个别用量大的收费票据存放五年确有困难的，经同级财政部门批准，可适当缩短保存期限。保存期满需要销毁的票据，由有关部门（单位）负责登记造册报同级财政部门或其委托的票据管理机构核准后销毁。

第十六条　撤销、改组、合并的收费单位和收费项目已被明令取消的收费单位，应按省级以上财政部门的规定，办理"票据购领证"的变更或注销手续。部门（或单位）购领尚未使用的已取消收费项目的票据，由部门（或单位）负责登记造册报同级财政部门或其委托的票据管理机构批准后销毁。收费单位不得私自转让、销毁收费票据和"票据购领证"。

第五章 收费票据的管理和监督

第十七条 各级财政部门应当建立健全票据管理制度,加强票据管理机构建设,配备必要的人员和设备。

第十八条 收费单位应建立收费票据使用登记制度,设置收费票据登记簿,定期向同级财政部门报告收费票据的购领、使用、结存情况。收费票据在启用前,应当检查票据是否有缺页、漏页、重号等情况,一经发现,应及时向同级财政部门报告。使用时,票据填写必须内容完整,字迹工整,印章齐全。如填写错误,应另行填开。填错的票据应加盖作废戳记,保存其各联备查,不得涂改、挖补、撕毁。如发生票据丢失,应及时声明作废,查明原因,写出书面报告,报同级财政部门处理。

第十九条 各级财政部门应建立收费票据稽查制度。各级财政部门应根据实际情况和管理需要,对收费票据的印制、购领、使用、保管等情况进行定期或不定期检查。被查单位应如实反映情况,提供资料,接受监督和检查,不得拒绝核查、隐瞒情况或弄虚作假。

第六章 罚则

第二十条 下列行为属于违反收费票据管理规定的行为:

(一) 未经批准,擅自印制和使用收费票据的;

(二) 私自刻制、使用和伪造票据监(印)制章的;

(三) 伪造、制贩假收费票据的;

(四) 未按规定使用收费票据的;

(五) 擅自转借、转让、代开、买卖、销毁、涂改收费票据的;

(六) 利用收费票据乱收费或收取超出规定范围和标准的收费或政府性基金的;

(七) 互相串用各种票据的;

(八) 不按规定接受财政部门及其委托票据管理机构的监督管理或不按规定提供有关资料的;

（九）管理不善，丢失毁损收费票据的；

（十）其他违反本规定的行为。

第二十一条 对具有上述行为的单位和个人，有违法所得的，由财政部门或其委托的票据管理机构依法予以没收，并可处以警告或罚款。对非经营性活动中的违法行为，处以1000元以下罚款；对经营性活动中的违法行为，有违法所得的，处以违法金额3倍以下不超过30000元的罚款，没有违法所得的，处以10000元以下罚款。

构成犯罪的，移交司法机关依法追究有关责任人员的刑事责任。

第二十二条 对违反收费票据管理的行为，应当按照《行政处罚法》的有关规定进行处罚。

被处罚人对行政处罚决定不服的，可以在规定的期限内依法申请行政复议或提起行政诉讼。

第七章 附则

第二十三条 乡统筹票据、社会团体收取会费使用的票据和接受社会捐款使用的收据，以及其他各类非行政事业性收费和政府性基金使用的票据或收据（不包括经营性收费）的管理，参照本规定执行。

第二十四条 本规定由财政部负责解释。各省、自治区、直辖市财政部门可结合本地实际，制定具体办法。

第二十五条 本规定自1998年11月1日起执行。财政部1994年12月1日发布的《关于行政事业性收费票据管理的暂行规定》同时废止。

六、2011 年全国性及中央部门和单位行政事业性收费项目目录

收费项目	管理方式	收费及资金管理文件依据
1. 护照费	缴入中央国库	
（1）护照		价费字〔1992〕198 号，计价格〔1999〕466 号，财预〔2000〕127 号
（2）护照加急		价费字〔1992〕198 号，计价格〔1999〕466 号，财预〔2003〕470 号
2. 认证费	缴入中央国库	
（1）认证		价费字〔1992〕198 号，计价格〔1999〕466 号，财预〔2000〕127 号
（2）认证加急		价费字〔1992〕198 号，计价格〔1999〕466 号，财预〔2003〕470 号
3. 签证费		
（1）驻外使馆为外国公民办理签证	缴入中央国库	价费字〔1992〕198 号，财预〔2000〕127 号
（2）代办外国签证（限于国家机关）	缴入中央和地方国库	价费字〔1992〕198 号，计价格〔1999〕466 号，财综〔2003〕45 号，财预〔2009〕79 号
（3）代办外国签证加急（限于国家机关）	缴入中央和地方国库	同上
（4）代填外国签证申请表（限于国家机关）	缴入中央和地方国库	同上
4. 驻外使领馆公证翻译费	缴入中央国库	价费字〔1992〕198 号，财预〔2003〕470 号
5. 代发电报收费	缴入中央国库	财综字〔1997〕123 号，计价费〔1997〕1687 号，财预〔2003〕470 号

附　录

续表

收费项目	管理方式	收费及资金管理文件依据
6. 非刑事案件财物价格鉴定费	缴入中央和地方国库	财综〔2004〕56 号
7. 普通高中学费	缴入中央和地方财政专户	教财〔1996〕101 号，教财〔2003〕4 号
（1）学费		
（2）择校费		
8. 普通高中住宿费	缴入中央和地方财政专户	同上
9. 中等职业学校学费	缴入中央和地方财政专户	同上
10. 中等职业学校住宿费	缴入中央和地方财政专户	同上
11. 高等学校学费	缴入中央和地方财政专户	教财〔1996〕101 号，教财〔2003〕4 号，计价格〔2002〕838 号，计价格〔2002〕665 号，发改价格〔2005〕2528 号，教财〔2006〕2 号
12. 高等学校住宿费	缴入中央和地方财政专户	教财〔1996〕101 号，教财〔2003〕4 号，教财〔2006〕2 号
13. 高等学校委托培养费	缴入中央和地方财政专户	教财〔1992〕42 号，价费字〔1992〕367 号
14. 函大、电大、夜大及短训班培训费	缴入中央和地方财政专户	教财〔1992〕42 号，价费字〔1992〕367 号
15. 中央广播电视大学中专学费	缴入中央财政专户	发改价格〔2009〕2555 号
16. 考试考务费		
（1）高等教育自学考试费	缴入地方财政专户	价费字〔1992〕367 号，发改价格〔2003〕2161 号
（2）高等教育自学考试考务费	缴入中央财政专户	价费字〔1992〕367 号，发改价格〔2003〕2161 号
（3）商务管理和金融管理专业自学考试费	缴入地方财政专户	财综字〔1999〕110 号，发改价格〔2003〕2161 号
（4）商务管理和金融管理专业自学考试考务费	缴入中央财政专户	财综字〔1999〕110 号，发改价格〔2003〕2161 号

续表

收费项目	管理方式	收费及资金管理文件依据
（5）全国公共英语等级考试费	缴入地方财政专户	同上
（6）全国公共英语等级考试考务费	缴入中央财政专户	同上
（7）剑桥少儿英语考试费	缴入地方财政专户	同上
（8）剑桥少儿英语考试考务费	缴入中央财政专户	同上
（9）全国计算机应用技术证书考试费	缴入地方财政专户	同上
（10）全国计算机应用技术证书考试考务费	缴入中央财政专户	同上
（11）在职人员攻读专业学位考试报名考务费	缴入中央和地方财政专户	计价格〔2001〕1226号，发改价格〔2004〕2839号
（12）高考（含成人高考）考试费	缴入地方财政专户	价费字〔1992〕367号，发改价格〔2003〕2161号，发改价格〔2005〕1245号
（13）高考（含成人高考）考试考务费	缴入中央财政专户	价费字〔1992〕367号，发改价格〔2003〕2161号，发改价格〔2005〕1245号
（14）研究生招生考试费	缴入地方财政专户	教财〔1992〕42号，财综字〔1995〕16号，发改价格〔2003〕2161号
（15）研究生招生考试考务费	缴入中央财政专户	教财〔1992〕42号，发改价格〔2003〕2161号
（16）大学英语四、六级考试费	缴入地方财政专户	价费字〔1992〕367号，发改价格〔2008〕3699号
（17）大学英语四、六级考试考务费	缴入中央财政专户	价费字〔1992〕367号，发改价格〔2008〕3699号
（18）电大视听生考试和高等教育学历文凭考试费	缴入地方财政专户	发改价格〔2003〕2161号
（19）电大视听生考试和高等教育学历文凭考试考务费	缴入中央财政专户	发改价格〔2003〕2161号
（20）CIT模块报告考核费	缴入中央和地方财政专户	同上

续表

收费项目	管理方式	收费及资金管理文件依据
（21）CIT 资格审查费	缴入中央和地方财政专户	同上
（22）全国外语水平考试费	缴入地方财政专户	同上
（23）全国外语水平考试考务费	缴入中央财政专户	同上
（24）专科起点本科入学考试费	缴入地方财政专户	同上
（25）专科起点本科入学考试考务费	缴入中央财政专户	同上
（26）成人高等职教考试费	缴入地方财政专户	同上
（27）成人高等职教考试考务费	缴入中央财政专户	同上
（28）计算机等级考试费	缴入地方财政专户	同上
（29）计算机等级考试考务费	缴入中央财政专户	同上
（30）同等学历人员申请硕士学位水平全国统一考试报名费	缴入中央和地方财政专户	计价格〔2000〕545 号
（31）全国网络统考考试费	缴入中央国库	财综〔2006〕4 号，财综〔2008〕69 号，发改价格〔2010〕955 号
（32）普通话水平测试费	缴入中央和地方国库	财综〔2003〕53 号，发改价格〔2003〕2160 号
17. 证照费		
（1）外国人证件费		价费字〔1992〕240 号，财预字〔1994〕37 号，公通字〔2000〕99 号
①准予停留章	缴入地方国库	公通字〔1996〕89 号
②居留许可	缴入中央和地方国库	财综〔2004〕60 号，发改价格〔2004〕2230 号
③永久居留申请	缴入中央和地方国库	财综〔2004〕32 号，发改价格〔2004〕1267 号
④永久居留证（含丢失补领、损坏换发）	缴入中央国库	同上
⑤出入境证	缴入地方国库	公通字〔1996〕89 号

续表

收费项目	管理方式	收费及资金管理文件依据
⑥旅行证（含延期）	缴入地方国库	同上
⑦准迁证	缴入地方国库	
（2）公民出入境证件费		价费字〔1992〕240号，价费字〔1993〕164号，财预字〔1994〕37号，公通字〔2000〕99号
①护照（含加页、核定、加注、延期）	缴入中央和地方国库	计价格〔2000〕293号
②出入境通行证	缴入中央和地方国库	财综〔2008〕9号
③往来（含前往）港澳通行证（含签注）	缴入中央和地方国库	计价格〔2002〕1097号，发改价格〔2005〕77号
④台湾居民往来大陆通行证（含签注）	缴入中央和地方国库	价费字〔1993〕164号，计价格〔2001〕1835号，发改价格〔2004〕334号，财综〔2005〕58号，发改价格〔2005〕1460号，发改价格〔2011〕1389号
⑤台湾同胞定居证	缴入地方国库	价费字〔1993〕164号，发改价格〔2004〕2839号
⑥华侨回国定居证	缴入地方国库	同上
⑦大陆居民往来台湾通行证（含签注）	缴入中央和地方国库	价费字〔1993〕164号
（3）户籍管理证件工本费	缴入地方国库	价费字〔1992〕240号，财预字〔1994〕37号
①户口簿		
②户口迁移证件		
（4）居民身份证工本费	缴入地方国库	价费字〔1992〕240号，计价格〔1995〕873号，计价格〔1997〕1485号，财预字〔1994〕37号，发改价格〔2003〕2322号，财综〔2004〕8号，发改价格〔2005〕436号，财综〔2007〕34号
（5）机动车号牌工本费	缴入地方国库	价费字〔1992〕240号，财预字〔1994〕37号，计价格〔1994〕783号，发改价格〔2004〕2831号
①号牌（含临时）		
②号牌专用固封装置		

附 录

续表

收费项目	管理方式	收费及资金管理文件依据
③号牌架		
(6) 机动车行驶证工本费	缴入地方国库	价费字〔1992〕240号，财预字〔1994〕37号，计价格〔1994〕783号，发改价格〔2004〕2831号
(7) 机动车登记证书工本费	缴入地方国库	财综〔2001〕67号，计价格〔2001〕1979号，发改价格〔2004〕2831号
(8) 驾驶证工本费	缴入地方国库	价费字〔1992〕240号，财预字〔1994〕37号，发改价格〔2004〕2831号
(9) 临时入境机动车号牌和行驶证工本费	缴入地方国库	财综〔2008〕36号，发改价格〔2008〕1575号
(10) 临时机动车驾驶许可工本费	缴入地方国库	财综〔2008〕36号，发改价格〔2008〕1575号
18. 外国人签证费	缴入中央和地方国库	价费字〔1992〕240号，财预字〔1994〕37号，公通字〔2000〕99号，计价格〔2003〕392号
19. 中国国籍申请手续费（含证书费）	缴入地方国库	价费字〔1992〕240号，公通字〔1996〕89号，财预字〔1994〕37号，公通字〔2000〕99号
20. 口岸以外边防检查监护费	缴入中央国库	价费字〔1992〕240号，财预字〔1994〕37号，计价格〔2001〕523号
21. 机动车安全技术检验费	缴入地方国库	价费字〔1992〕240号，财预字〔1994〕37号，发改价格〔2004〕2831号
22. 机动车抵押登记费	缴入地方国库	财综〔2001〕67号，计价格〔2001〕1979号
23. 考试考务费		
(1) 驾驶许可考试费	缴入地方国库	财综〔2001〕67号，计价格〔2001〕1979号
(2) 消防行业特有工种职业技能鉴定考试考务费	缴入中央国库	财综〔2011〕59号
(3) 消防行业特有工种职业技能鉴定考试费	缴入地方国库	财综〔2011〕59号
(4) 保安员资格考试费	缴入地方国库	财综〔2011〕60号，发改价格〔2011〕2333号
24. 菲律宾船员检查费	缴入中央国库	财综〔2006〕28号
25. 培训费	缴入中央国库	财综〔2003〕43号，发改价格〔2006〕2616号，财综〔2011〕28号

续表

收费项目	管理方式	收费及资金管理文件依据
26. 住宿费	缴入中央国库	同上
27. 资料工本费	缴入中央国库	同上
28. 婚姻登记费	缴入地方国库	价费字〔1992〕249号,财预字〔1994〕37号,计价格〔2001〕523号,财综〔2002〕7号
29. 收养登记费	缴入地方国库	价费字〔1992〕349号,财预字〔1994〕37号,计价格〔2001〕523号
30. 殡葬收费	缴入地方国库	价费字〔1992〕249号,财预〔2009〕79号
31. 学费	缴入中央和地方国库	财综〔2004〕4号
32. 住宿费	缴入中央国库	同上
33. 外国律师事务所办事处申请手续费	缴入中央国库	价费字〔1992〕618号,财综〔2003〕29号
34. 外国律师事务所办事处年检费	缴入中央国库	价费字〔1992〕618号,财综〔2003〕29号
35. 公证费（限于行政机关）	缴入中央和地方国库	计价费〔1997〕285号,计价费〔1998〕814号,财预〔2003〕470号
36. 考试考务费		
（1）司法考试考务费	缴入中央国库	财综〔2002〕6号,计价格〔2002〕154号,财预〔2009〕79号
（2）司法考试费	缴入地方国库	财综〔2002〕6号,计价格〔2002〕154号,财预〔2009〕79号
37. 涉外、涉港澳台公证书工本费	缴入中央国库	财综〔2000〕2号,计价格〔2002〕1347号,财预〔2009〕79号
38. 收费票据工本费	缴入中央和地方国库	计价格〔2001〕604号,财预〔2002〕584号
39. 考试考务费		
（1）注册会计师考试考务费	缴入中央国库	计价格〔2001〕527号,财预〔2002〕584号
（2）注册会计师考试报名费	缴入地方国库	计价格〔2001〕527号,财预〔2002〕584号
（3）会计专业技术资格考试考务费	缴入中央国库	计价格〔2000〕1567号,财预〔2002〕584号

续表

收费项目	管理方式	收费及资金管理文件依据
（4）会计专业技术资格考试费	缴入地方国库	计价格〔2000〕1567号，财预〔2002〕584号
（5）会计从业资格考试费	缴入地方国库	计价格〔2002〕1575号
（6）注册资产评估师执业资格珠宝评估专业考试费	缴入中央国库	发改价格〔2008〕2021号
40. 职业技能鉴定费	缴入中央和地方国库	财综函〔2001〕4号，财综〔2004〕65号
41. 保存人事关系及档案收费	缴入中央和地方国库	价费字〔1992〕253号，财预〔2003〕470号
42. 考试考务费		
（1）专业技术人员计算机应用能力考试考务费	缴入中央国库	计价格〔2001〕1969号，财预〔2002〕584号
（2）专业技术人员计算机应用能力考试费	缴入地方国库	计价格〔2001〕1969号，财预〔2002〕584号
（3）价格鉴证师执业资格考试考务费	缴入中央国库	财综字〔2000〕27号，财预〔2002〕584号，发改价格〔2004〕1108号
（4）价格鉴证师执业资格考试费	缴入地方国库	财综字〔2000〕27号，财预〔2002〕584号，发改价格〔2004〕1108号
（5）注册城市规划师资格考试考务费	缴入中央国库	财综字〔2000〕27号，财预〔2002〕584号，计价格〔2000〕546号
（6）注册城市规划师资格考试费	缴入地方国库	财综字〔2000〕27号，财预〔2002〕584号，计价格〔2000〕546号
（7）质量专业技术人员职业资格考试考务费	缴入中央国库	计价格〔2001〕1969号，财预〔2002〕584号
（8）质量专业技术人员职业资格考试费	缴入地方国库	计价格〔2001〕1969号，财预〔2002〕584号
（9）专业技术人员职称外语等级考试考务费	缴入中央国库	财预〔2002〕584号，发改价格〔2004〕1108号
（10）专业技术人员职称外语等级考试费	缴入地方国库	同上
（11）经济专业技术资格考试考务费	缴入中央国库	同上

续表

收费项目	管理方式	收费及资金管理文件依据
（12）经济专业技术资格考试费	缴入地方国库	同上
（13）执业药师、执业中药师资格考试考务费	缴入中央国库	同上
（14）执业药师、执业中药师资格考试费	缴入地方国库	同上
（15）监理工程师、造价工程师执业资格考试考务费	缴入中央国库	同上
（16）监理工程师、造价工程师执业资格考试费	缴入地方国库	同上
（17）注册资产评估师执业资格考试考务费	缴入中央国库	同上
（18）注册资产评估师执业资格考试费	缴入地方国库	同上
（19）企业法律顾问执业资格考试考务费	缴入中央国库	同上
（20）企业法律顾问执业资格考试费	缴入地方国库	同上
（21）注册税务师执业资格考试考务费	缴入中央国库	同上
（22）注册税务师执业资格考试费	缴入地方国库	同上
（23）国际商务师执业资格考试考务费	缴入中央国库	同上
（24）国际商务师执业资格考试费	缴入地方国库	同上
（25）初级、中级出版专业技术人员职业资格考试考务费	缴入中央国库	计价格〔2002〕1698号，财预〔2002〕584号
（26）初级、中级出版专业技术人员职业资格考试费	缴入地方国库	计价格〔2002〕1698号，财预〔2002〕584号
（27）注册咨询工程师（投资）执业资格考试考务费	缴入中央国库	计价格〔2002〕1698号，财预〔2002〕584号

附　　录

续表

收费项目	管理方式	收费及资金管理文件依据
（28）注册咨询工程师（投资）执业资格考试费	缴入地方国库	计价格〔2002〕1698号，财预〔2002〕584号
（29）土地登记代理人员职业资格考试考务费	缴入中央国库	发改价格〔2004〕1108号
（30）土地登记代理人员职业资格考试费	缴入地方国库	发改价格〔2004〕1108号
（31）注册安全工程师执业资格考试考务费	缴入中央国库	发改价格〔2007〕2016号
（32）注册安全工程师执业资格考试费	缴入地方国库	发改价格〔2007〕2016号
（33）注册设备监理师执业资格考试考务费	缴入中央国库	发改价格〔2007〕2016号
（34）注册设备监理师执业资格考试费	缴入地方国库	发改价格〔2007〕2016号
（35）投资建设项目管理师职业水平考试考务费	缴入中央国库	财综〔2006〕22号，发改价格〔2008〕2666号
（36）投资建设项目管理师职业水平考试费	缴入地方国库	财综〔2006〕22号，发改价格〔2008〕2666号
（37）外销员从业资格考试考务费	缴入中央国库	发改价格〔2004〕1108号
（38）外销员从业资格考试费	缴入地方国库	发改价格〔2004〕1108号
（39）注册化工工程师执业资格考试（包括基础考试和专业考试）费	缴入地方国库	发改价格〔2009〕1003号
（40）注册公用设备工程师执业资格考试（包括基础考试和专业考试）费	缴入地方国库	发改价格〔2009〕1003号
（41）注册土木工程师（港口与航道工程）执业资格考试（包括基础考试和专业考试）费	缴入地方国库	发改价格〔2009〕1003号

续表

收费项目	管理方式	收费及资金管理文件依据
（42）注册电气工程师执业资格考试（包括基础考试与专业考试）费	缴入地方国库	发改价格〔2009〕1003号
（43）环境影响评价工程师职业资格考试费	缴入地方国库	财综〔2007〕41号，发改价格〔2007〕1925号
（44）助理社会工作师职业水平考试考务费	缴入中央国库	财综〔2007〕61号，发改价格〔2010〕573号
（45）助理社会工作师职业水平考试费	缴入地方国库	财综〔2007〕61号，发改价格〔2010〕573号
（46）社会工作师职业水平考试考务费	缴入中央国库	财综〔2007〕61号，发改价格〔2010〕573号
（47）社会工作师职业水平考试费	缴入地方国库	财综〔2007〕61号，发改价格〔2010〕573号
（48）招标师职业水平考试考务费	缴入中央国库	财综〔2009〕10号，发改价格〔2009〕633号
（49）招标师职业水平考试费	缴入地方国库	财综〔2009〕10号，发改价格〔2009〕633号
（50）助理广告师、广告师职业水平考试考务费	缴入中央国库	财综〔2010〕47号，发改价格〔2010〕1669号
（51）助理广告师、广告师职业水平考试费	缴入地方国库	财综〔2010〕47号，发改价格〔2010〕1669号
（52）注册测绘师资格考试考务费	缴入中央国库	财综〔2010〕49号，发改价格〔2010〕1660号
（53）注册测绘师资格考试费	缴入地方国库	财综〔2010〕49号，发改价格〔2010〕1660号
（54）注册测计量师资格考试考务费	缴入中央国库	财综〔2010〕77号，发改价格〔2010〕2466号
（55）注册测计量师资格考试费	缴入地方国库	财综〔2010〕77号，发改价格〔2010〕2466号

附 录

续表

收费项目	管理方式	收费及资金管理文件依据
43. 石油（天然气）勘查、开采登记费（包括证书费）	缴入中央国库	价费字〔1992〕184号，财预〔2000〕127号
44. 矿产资源补偿费	缴入中央和地方国库	国务院第150号令
45. 矿产资源勘查登记费	缴入中央和地方国库	价费字〔1992〕251号
46. 采矿登记收费	缴入中央和地方国库	价费字〔1992〕251号
47. 土地复垦费	缴入地方国库	《土地管理法》
48. 土地闲置费	缴入地方国库	《土地管理法》，财预〔2002〕584号
49. 土地登记费	缴入地方国库	国土（籍）字〔1990〕93号，财预〔2000〕127号
50. 征（土）地管理费	缴入地方国库	价费字〔1992〕597号，计价格〔2001〕585号
51. 耕地开垦费	缴入地方国库	《土地管理法》，财预〔2002〕584号
52. 地质成果资料费	缴入地方国库	价费字〔1992〕251号，财预〔2003〕470号
53. 考试考务费		
（1）土地估价师考试考务费	缴入中央国库	发改价格〔2005〕147号
（2）土地估价师考试费	缴入中央国库	发改价格〔2005〕147号
54. 房屋所有权登记费	缴入地方国库	财预字〔1994〕37号，发改价格〔2008〕924号
55. 城市房屋安全鉴定费	缴入地方国库	价费字〔1992〕179号，财预〔2000〕127号
56. 城市污水处理费（限于事业单位）	缴入地方国库	财综字〔1997〕111号，国发〔2000〕36号，计价格〔1999〕1192号，计价格〔2002〕515号，财预〔2009〕79号
57. 城市道路占用挖掘费	缴入地方国库	建城〔1993〕410号，财预〔2003〕470号
58. 白蚁防治费	缴入地方国库	价费字〔1992〕179号，财预〔2002〕584号
59. 考试考务费		
（1）注册土木工程师（岩土）执业资格考试报名费	缴入地方国库	计价格〔2002〕2546号
（2）房地产经纪人执业资格考试报名费	缴入地方国库	同上
（3）注册土木工程师（岩土）执业资格考试费	缴入中央和地方国库	同上

续表

收费项目	管理方式	收费及资金管理文件依据
（4）房地产经纪人执业资格考试费	缴入中央和地方国库	同上
（5）注册建造师执业资格考试考务费	缴入中央国库	财综〔2007〕35号，发改价格〔2007〕1467号
（6）注册建造师执业资格考试费	缴入地方国库	财综〔2007〕35号，发改价格〔2007〕1467号
（7）注册化工工程师执业资格基础考试考务费	缴入中央国库	发改价格〔2009〕1003号
（8）注册化工工程师执业资格考试（包括基础考试和专业考试）费	缴入地方国库	发改价格〔2009〕1003号
（9）注册公用设备工程师执业资格基础考试考务费	缴入中央国库	发改价格〔2009〕1003号
（10）注册公用设备工程师执业资格考试（包括基础考试和专业考试）费	缴入地方国库	发改价格〔2009〕1003号
（11）注册土木工程师（港口与航道工程）执业资格基础考试考务费	缴入中央国库	财综〔2007〕23号，发改价格〔2009〕1003号
（12）注册土木工程师（港口与航道工程）执业资格考试（包括基础考试和专业考试）费	缴入地方国库	财综〔2007〕23号，发改价格〔2009〕1003号
（13）注册电气工程师执业资格基础考试考务费	缴入中央国库	发改价格〔2009〕1003号
（14）注册电气工程师执业资格考试（包括基础考试与专业考试）费	缴入地方国库	发改价格〔2009〕1003号
（15）注册环保工程师执业资格基础考试考务费	缴入中央国库	财综〔2006〕37号，发改价格〔2009〕2599号

附　录

续表

收费项目	管理方式	收费及资金管理文件依据
（16）注册环保工程师执业资格考试（包括基础考试和专业考试）费	缴入地方国库	财综〔2006〕37号，发改价格〔2009〕2599号
（17）注册土木工程师（水利水电工程）执业资格基础考试考务费	缴入中央国库	财综〔2006〕37号，发改价格〔2009〕2599号
（18）注册土木工程师（水利水电工程）执业资格考试（包括基础考试和专业考试）费	缴入地方国库	财综〔2006〕37号，发改价格〔2009〕2599号
（19）物业管理师资格考试考务费	缴入中央国库	财综〔2009〕7号，发改价格〔2009〕767号
（20）物业管理师资格考试费	缴入地方国库	财综〔2009〕7号，发改价格〔2009〕767号
60. 保存人事关系档案收费	缴入中央国库	价费字〔1992〕253号，财综〔2002〕68号，财预〔2003〕470号
61. 考试考务费		
（1）铁道行业职业技能鉴定考试考务费	缴入中央国库	计价格〔2002〕435号，财预〔2003〕470号
（2）铁道行业职业技能鉴定考试费	缴入中央国库	同上
（3）会计从业资格考试费	缴入中央国库	计价格〔2002〕1575号
62. 车辆通行费（限于政府还贷）	缴入地方国库	交公路发〔1994〕686号，《收费公路条例》，财预〔2009〕79号
63. 船舶港务费	缴入中央和地方国库	价费字〔1992〕191号，交财发〔1997〕93号，财预〔2009〕79号
64. 船舶登记费	缴入中央和地方国库	价费字〔1992〕191号，交财发〔1997〕93号，财预〔2003〕470号，财预〔2003〕559号，财预〔2009〕79号
65. 船舶证明签证费	缴入中央和地方国库	同上

续表

收费项目	管理方式	收费及资金管理文件依据
66. 船舶申请安全检查复查费	缴入中央和地方国库	同上
67. 油污水化验费	缴入中央和地方国库	价费字〔1992〕191号，财预〔2003〕470号，财预〔2003〕559号，财预〔2009〕79号
68. 海事调解费	缴入中央和地方国库	价费字〔1992〕191号，财预〔2003〕470号，财预〔2003〕559号，发改价格〔2004〕2839号，财预〔2009〕79号
69. 浮油回收费	缴入中央和地方国库	价费字〔1992〕191号，财预〔2003〕470号，财预〔2003〕559号，财预〔2009〕79号
70. 海岸电台无线电电报电话费（含船舶电信业务岸台费）	缴入中央和地方国库	价费字〔1992〕191号，财预〔2003〕470号，财预〔2003〕559号，交财发〔1993〕379号，财综〔2004〕62号，财预〔2009〕79号
71. 船舶及船用产品设施检验费	缴入中央和地方国库	价费字〔1993〕17号，财综〔2003〕81号，财预〔2009〕79号
72. 特种船舶和水上水下工程护航费	缴入中央和地方国库	价费字〔1992〕191号，财预〔2003〕470号，财预〔2003〕559号，发改价格〔2004〕2839号，财预〔2009〕79号
73. 长江干线船舶引航收费	缴入中央国库	财综〔2007〕60号，发改价格〔2008〕12号，发改价格〔2011〕1536号
（1）引航费		
（2）移泊费		
（3）交通费		
74. 考试考务费		
（1）引航员考试费	缴入中央和地方财政专户	计价格〔2001〕2717号，财预〔2003〕470号，财预〔2003〕559号
（2）磁罗经校正员考试费	缴入中央和地方财政专户	同上
（3）注册验船师考试费	缴入中央和地方财政专户	同上，财综〔2010〕13号
（4）船员适任证书考试（含海船及内河船员）费	缴入中央和地方财政专户	同上

续表

收费项目	管理方式	收费及资金管理文件依据
（5）注册土木工程师（港口与航道工程）执业资格专业考试考务费	缴入中央国库	财综〔2007〕23号，发改价格〔2009〕1003号
（6）交通行业特有职业技能资格鉴定（考核）考试考务费	缴入中央国库	财综〔2006〕36号，发改价格〔2010〕203号
（7）交通行业特有职业技能资格鉴定（考核）考试费	缴入地方国库	财综〔2006〕36号，发改价格〔2010〕203号
（8）经营性道路客货运输驾驶员从业资格考试考务费	缴入中央国库	财综〔2010〕39号，发改价格〔2010〕1615号
（9）经营性道路客货运输驾驶员从业资格考试费	缴入地方国库	财综〔2010〕39号，发改价格〔2010〕1615号
（10）机动车检测维修专业技术人员职业水平考试考务费	缴入中央国库	财综〔2011〕10号
（11）机动车检测维修专业技术人员职业水平考试费	缴入地方国库	财综〔2011〕10号
75. 电子工程概预算人员培训费	缴入中央国库	发改价格〔2004〕36号
76. 无线电频率占用费	缴入中央和地方国库	计价费〔1998〕218号，财建〔2002〕640号，发改价格〔2003〕2300号，发改价格〔2005〕2812号，发改价格〔2007〕3643号，发改价格〔2011〕749号
77. 无线电设备检测费	缴入地方国库	计价费〔1998〕218号，发改价格〔2011〕890号
78. 进网许可标志工本费	缴入中央国库	财综〔2002〕37号，发改价格〔2003〕477号
79. 考试考务费		
（1）电子行业特有工种职业技能鉴定考试考务费	缴入中央国库	发改价格〔2004〕425号
（2）电子行业特有工种职业技能鉴定考试费	缴入地方国库	发改价格〔2004〕425号
（3）计算机软件专业技术资格和水平考试考务费	缴入中央国库	发改价格〔2003〕2148号

续表

收费项目	管理方式	收费及资金管理文件依据
（4）计算机软件专业技术资格和水平考试费	缴入地方国库	发改价格〔2003〕2148号
（5）全国通信专业技术人员职业水平考试考务费	缴入中央国库	财综〔2011〕90号，发改价格〔2011〕2402号
（6）全国通信专业技术人员职业水平考试费	缴入地方国库	财综〔2011〕90号，发改价格〔2011〕2402号
80. 电信网码号资源占用费	缴入中央国库	信部联清〔2004〕517号
81. 水资源费（含三峡电站水资源费）	缴入地方国库	价费字〔1992〕181号，财预字〔1994〕37号，财综〔2003〕89号，财综〔2008〕79号，发改价格〔2009〕1779号，财综〔2011〕19号
82. 河道采砂管理费	缴入中央和地方国库	价费字〔1992〕181号，财预字〔1994〕37号
83. 河道工程修建维护管理费	缴入地方国库	同上，财预〔2000〕127号，财综〔2003〕89号
84. 占用农业灌溉水源及设施补偿费	缴入中央和地方国库	水政资〔1995〕457号
85. 水土流失防治费	缴入地方国库	财预〔2002〕584号，财综〔2003〕89号
86. 水土保持设施补偿费	缴入地方国库	财预〔2002〕584号
87. 长江河道砂石资源费	缴入中央和地方国库	财综〔2003〕69号，发改价格〔2009〕3085号
88. 注册土木工程师（水利水电工程）执业资格专业考试考务费	缴入中央国库	财综〔2006〕37号，发改价格〔2009〕2599号
89. 植物新品种保护权收费	缴入中央国库	财综字〔1998〕160号，财预〔2000〕127号，发改价格〔2007〕1968号
90. 国内植物检疫费	缴入中央和地方国库	价费字〔1992〕452号，财预〔2002〕584号
91. 畜禽及畜禽产品检疫费	缴入中央和地方国库	价费字〔1992〕452号，计价格〔1994〕400号，财预〔2003〕2353号，财预〔2002〕584号，财综〔2008〕78号
92. 农药登记费	缴入中央和地方国库	计价格〔2001〕523号，财预〔2000〕127号，财综〔2011〕9号，发改价格〔2011〕2021号

附　　录

续表

收费项目	管理方式	收费及资金管理文件依据
93. 农药实验费	缴入中央国库	价费字〔1992〕452号，财预〔2009〕79号
94. 新兽药审批费	缴入中央和地方国库	价费字〔1992〕452号，财预〔2000〕127号
95. 进口兽药注册登记审批、发证收费	缴入中央国库	价费字〔1992〕452号，财预〔2002〕584号
96.《进口兽药许可证》审批费	缴入中央国库	同上
97.《兽药典》、《兽药规范》和兽药专业标准收载品种生产审批费	缴入中央和地方国库	价费字〔1992〕452号，财预〔2002〕584号
98. 已生产兽药品种注册登记费	缴入中央和地方国库	同上
99. 检验检测费		
（1）新饲料添加剂质量复核检验	缴入中央国库	价费字〔1992〕452号，财预〔2009〕79号
（2）进口饲料添加剂质量复核检验	缴入中央国库	同上
（3）饲料及饲料添加剂委托检验	缴入中央国库	同上
（4）进口兽药质量标准复核检验	缴入中央国库	价费字〔1992〕452号，财预〔2009〕79号
（5）进口兽药检验	缴入中央国库	同上
（6）出口兽药检验	缴入中央和地方国库	同上
（7）新兽药质量复核检验	缴入中央和地方国库	同上
（8）兽药委托检验	缴入中央和地方国库	同上
（9）农作物委托检验	缴入地方国库	价费字〔1992〕452号，财预〔2009〕79号
（10）农机产品测试检验	缴入中央和地方国库	发改价格〔2010〕2363号
（11）农业转基因生物检测	缴入中央国库	财综〔2002〕64号，发改价格〔2007〕3704号，财综〔2008〕76号
100. 农机监理费（含"九二"式拖拉机牌证费）	缴入地方国库	价费字〔1992〕452号，计价格〔1994〕400号，(94)财预字第37号，发改价格〔2003〕2353号，发改价格〔2004〕2831号

续表

收费项目	管理方式	收费及资金管理文件依据
（1）拖拉机号牌（含号牌架、固封装置）		
（2）拖拉机行驶证（含临时）		
（3）登记证		
（4）驾驶证		
（5）安全技术检验		
（6）驾驶许可考试		
101. 渔业资源增殖保护费	缴入中央和地方国库	价费字〔1992〕452号，计价格〔1994〕400号，财预〔2000〕127号
102. 海事调解费	缴入中央和地方国库	价费字〔1992〕452号，发改价格〔2003〕2353号，财预〔2009〕79号
103. 渔业船舶和船用产品检验费	缴入中央和地方国库	价费字〔1992〕452号，计价格〔1994〕400号，计价格〔2000〕559号，发改价格〔2003〕2353号，财预〔2009〕79号
104. 渔业船舶登记或变更登记费	缴入中央和地方国库	价费字〔1992〕452号，计价费〔1997〕1148号，财预〔2002〕584号
（1）国籍证书		
（2）登记证书		
105. 人力资源开发中心收费	缴入中央国库	财综字〔1999〕127号，计价格〔1999〕2197号，财预〔2009〕79号
（1）人事档案使用费		
（2）人事档案保管费		
106. 农科院研究生院研究生培养费	缴入中央财政专户	计办价格〔2000〕1017号
107. 考试考务费		
（1）海洋渔业船舶船员考试费	缴入中央和地方国库	价费字〔1992〕452号，计价格〔2001〕523号，财预〔2002〕584号
（2）人力资源开发中心工人技术等级考核或职业技能鉴定费	缴入中央国库	计价格〔1999〕2197号，财预〔2009〕79号

续表

收费项目	管理方式	收费及资金管理文件依据
（3）执业兽医资格考试考务费	缴入中央国库	财综〔2009〕71号，发改价格〔2009〕3104号
（4）执业兽医资格考试费	缴入地方国库	财综〔2009〕71号，发改价格〔2009〕3104号
108. 农业转基因生物安全评价费	缴入中央国库	财综〔2002〕64号，发改价格〔2007〕3704号，财综〔2008〕76号
109. 草原植被恢复费	缴入地方国库	财综〔2010〕29号，发改价格〔2010〕1235号
110. 水生野生动物资源保护费	缴入中央和地方国库	财综字〔1999〕102号，计价格〔2000〕393号，财预〔2002〕584号，财综〔2009〕18号，财综〔2011〕9号
111. 证照费	缴入中央国库	
（1）装船证费		价费字〔1992〕401号，财预字〔1994〕37号
（2）手工制品证书费		同上
（3）纺织品原产地证明书费		同上
112. 摄影师预备资格考试费	缴入中央和地方国库	计办价格〔2001〕925号，财预〔2003〕470号
113. 卫生监测费	缴入地方国库	价费字〔1992〕314号，财预〔2000〕127号，财预〔2003〕470号，国办发〔2002〕57号，财综〔2008〕47号
114. 预防性体检费	缴入地方国库	价费字〔1992〕314号，财预〔2000〕127号，国办发〔2002〕57号，财预〔2003〕470号，财综〔2008〕47号
115. 预防接种劳务费	缴入地方国库	同上
116. 委托性卫生防疫服务费	缴入地方国库	价费字〔1992〕314号，财预〔2000〕127号，财预〔2003〕470号
117. 医疗事故鉴定费	缴入中央和地方国库	价费字〔1992〕314号，财预〔2003〕470号，财综〔2003〕27号，发改价格〔2007〕2749号
118. 预防接种异常反应鉴定费	缴入地方国库	财综〔2008〕70号，发改价格〔2008〕3295号
119. 考试考务费		
（1）卫生专业技术资格考试费	缴入中央和地方国库	计价格〔2001〕2043号，财预〔2002〕584号

续表

收费项目	管理方式	收费及资金管理文件依据
(2) 医师资格考试考务费	缴入中央国库	财综字〔1999〕176号，计价格〔1999〕2267号，财预〔2002〕584号，财综〔2011〕94号
(3) 医师资格考试费		同上
(4) 医学博士外语考试费	缴入中央和地方国库	财综〔2003〕79号，发改价格〔2007〕2749号
120. 社会抚养费	缴入地方国库	财规〔2000〕29号，财预〔2000〕127号，国务院令第357号
121. 考试考务费		
(1) 审计专业技术资格考试考务费	缴入中央和地方国库	计价格〔2002〕97号，财预〔2002〕584号
(2) 审计专业技术资格考试费	缴入中央和地方国库	计价格〔2002〕97号，财预〔2002〕584号
122. 防空地下室易地建设费	缴入中央和地方国库	中发〔2001〕9号，计价格〔2000〕474号，财预〔2002〕584号
123. 诉讼费	缴入中央和地方国库	财预〔2002〕9号，财行〔2003〕275号，国务院令481号
124. 培训业务收费	缴入中央国库	财综〔2010〕119号
(1) 培训费		
(2) 资料工本费		
(3) 住宿费		
(含团中央)		
125. 工人培训考核费	缴入中央国库	财综〔2001〕92号，财预〔2003〕470号
126. 机要交通文件（物件）传递费	缴入中央国库	财综〔2002〕46号，计价格〔2003〕35号
127. 会计从业资格考试费	缴入中央国库	计价格〔2002〕1575号，财预〔2002〕584号
128. 中央团校培训收费		
(1) 培训费	缴入中央国库	财综〔2003〕64号，发改价格〔2004〕52号
(2) 住宿费	缴入中央国库	同上

续表

收费项目	管理方式	收费及资金管理文件依据
(3) 学费	缴入中央国库	同上
129. 函授学院办学收费	缴入中央财政专户	计办价格〔2000〕906号
(1) 入学报名费		同上
(2) 学费		同上
(3) 毕业证工本费		同上
(4) 教材费		发改价格〔2003〕1011号
130. 研究生收费	缴入中央财政专户	
(1) 委托培养在职研究生学费		发改价格〔2003〕1011号
(2) 研究生报名考试费		发改价格〔2005〕2238号
(3) 研究生住宿费		发改价格〔2005〕2238号
131. 短期培训进修费	缴入中央财政专户	发改价格〔2003〕1011号
132. 考试考务费		
(1) 注册电气工程师执业资格专业考试考务费	缴入中央国库	发改价格〔2009〕1003号
(2) 注册化工工程师执业资格专业考试考务费	缴入中央国库	发改价格〔2009〕1003号
(3) 注册公用设备工程师执业资格专业考试考务费	缴入中央国库	发改价格〔2009〕1003号
(4) 管理咨询师职业水平考试考务费	缴入中央国库	财综〔2007〕18号,发改价格〔2009〕3059号
(5) 管理咨询师职业水平考试费	缴入地方国库	财综〔2007〕18号,发改价格〔2009〕3059号
133. 海关监管手续费	缴入中央国库	价费字〔1992〕293号,计价格〔1999〕1707号,财预字〔1994〕37号,财文字〔1996〕227号
(1) 海关监管区域外货物监管		
(2) 行李物品监管		
134. 进口货物滞报金	缴入中央国库	价费字〔1992〕293号,财预字〔1994〕37号,海关总署第128号令

续表

收费项目	管理方式	收费及资金管理文件依据
135. 知识产权海关保护备案费	缴入中央国库	财综字〔1996〕68号，计价费〔1996〕1594号，计价格〔1999〕1707号
136. ATA单证册调整费	缴入中央国库	财综字〔1996〕68号，计价费〔1996〕1594号
137. 报关员资格考试费	缴入中央国库	价费字〔1992〕293号，财预〔2002〕9号，财综函〔2009〕43号
138. 货物行李物品保管费	缴入中央国库	价费字〔1992〕293号，计价费〔1997〕84号，计价格〔1999〕1707号，财预〔2002〕9号
139. 税务发票工本费	缴入中央和地方国库	价费字〔1992〕111号，财预字〔1994〕37号
140. 企业注册登记费	缴入中央和地方国库	价费字〔1992〕414号，财预字〔1994〕37号，计价格〔1999〕1707号，发改价格〔2004〕2839号，计价费〔1998〕1077号，国办发〔2004〕10号
（1）开业注册登记		
（2）变更登记		
（3）年度检验		
（4）补（换）证照		
141. 个体工商户注册登记费	缴入中央和地方国库	价费字〔1992〕414号，财预字〔1994〕37号，计物价〔1993〕1744号，国办发〔2004〕10号，财综〔2008〕47号
（1）开业登记		
（2）变更登记		
（3）补（换）发营业执照		
142. 商标注册收费	缴入中央国库	价费字〔1992〕414号，财预字〔1994〕37号，财综字〔1995〕88号，计价格〔1995〕2404号，计价费〔1998〕1077号，发改价格〔2008〕2579号
（1）受理商标注册		
（2）补发商标注册证		
（3）受理转让注册商标		

续表

收费项目	管理方式	收费及资金管理文件依据
（4）受理商标续展注册		
（5）受理续展注册迟延		
（6）受理商标评审		
（7）受理立体商标注册		财综〔2004〕11号
（8）受理颜色组合商标注册		财综〔2004〕11号
（9）商标评审延期		
（10）商标变更		
（11）出具商标证明		
（12）受理集体商标注册		
（13）受理证明商标注册		
（14）商标异议		
（15）撤销商标		
（16）受理驰名商标认定		
（17）商标使用许可合同备案		
143. 产品质量监督检验（含核发工业产品生产许可证的产品质量检验）费	缴入中央和地方国库	价费字〔1992〕496号，计价格〔1996〕1500号，发改价格〔2003〕1793号，国质检科〔2008〕481号，国质检财函〔2009〕688号，财预〔2009〕79号
144. 特种设备检验检测收费		
（1）客运索道运营审查检验和定期检验	缴入地方国库	财综〔2001〕10号，财预〔2003〕470号
（2）压力管道安装审查检验和定期检验	缴入地方国库	财综〔2001〕10号，财预〔2003〕470号
（3）压力管道元件制造审查检验	缴入地方国库	财综〔2001〕10号，财预〔2003〕470号
（4）特种劳动防护用品检验	缴入地方国库	价费字〔1992〕268号，财预〔2003〕470号
（5）一般劳动防护用品检验	缴入地方国库	价费字〔1992〕268号，财预〔2003〕470号
（6）锅炉、压力容器检验	缴入地方国库	价费字〔1992〕268号，财预〔2003〕470号
145. 考试考务费		
（1）棉花质量检验师执业资格考试费	缴入中央国库	财综〔2001〕32号，财预〔2002〕584号，发改价格〔2003〕378号

续表

收费项目	管理方式	收费及资金管理文件依据
（2）珠宝玉石质量检验师执业资格考试报名费	缴入中央国库	计价格〔2002〕1346号
（3）珠宝玉石质量检验师执业资格考试费	缴入中央国库	计价格〔2002〕1346号
（4）计量专业项目考核费	缴入地方国库	财综〔2010〕77号，发改价格〔2010〕2466号
146.工业产品生产许可证收费（含审查费）	缴入中央国库和地方国库	价费字〔1992〕127号，价费字〔1992〕268号，价费字〔1992〕317号，价费字〔1993〕135号，计物价〔1993〕2182号，计价格〔1994〕238号，计价格〔1994〕507号，计价格〔1995〕99号，计价格〔1995〕339号，计价格〔1995〕1029号，计价格〔1999〕1707号，财预字〔1994〕37号，计价格〔1996〕1500号，财预〔2000〕127号，财综〔2001〕10号，财综〔2002〕19号，发改价格〔2003〕1793号，财综〔2006〕69号，财综〔2011〕3号
147.计量收费		财综〔2001〕72号，财预〔2002〕584号，发改价格〔2008〕74号
（1）国际法制计量组织计量器具型式批准	缴入中央国库	
（2）国际法制计量组织计量器具定型鉴定	缴入中央国库	
（3）进口计量器具正式型式批准	缴入中央国库	
（4）进口计量器具临时型式批准	缴入中央国库	
（5）进口计量器具定型鉴定	缴入中央国库	
（6）计量标准考核	缴入中央和地方国库	
（7）计量授权考核	缴入中央和地方国库	
（8）社会公用计量标准证书	缴入中央和地方国库	
（9）标准物质定级证书	缴入中央和地方国库	
（10）计量考评员、计量检定员考核	缴入中央和地方国库	

续表

收费项目	管理方式	收费及资金管理文件依据
(11) 计量考评员证书、计量检定员证书	缴入中央和地方国库	
(12) 计量标准考核证书	缴入中央和地方国库	
(13) 计量授权证书	缴入中央和地方国库	
(14) 制造和修理计量器具许可证证书	缴入中央和地方国库	
(15) 制造计量器具许可证	缴入中央和地方国库	
(16) 修理计量器具许可证	缴入中央和地方国库	
(17) 国内计量器具新产品型式批准证书	缴入中央和地方国库	
(18) 国内计量器具新产品定型鉴定和样机试验	缴入中央和地方国库	
(19) 国内计量器具新产品标准物质定级鉴定审查	缴入中央和地方国库	
(20) 计量认证合格证书	缴入中央和地方国库	
(21) 计量认证	缴入中央和地方国库	
(22) 计量检定	缴入中央和地方国库	发改价格〔2008〕74号，发改价格〔2009〕234号
148. 组织机构代码证书收费	缴入中央和地方国库	财预〔2002〕584号，财综〔2003〕66号，发改价格〔2003〕82号
149. 出入境检验检疫收费	缴入中央国库	发改价格〔2003〕2357号，财综函〔2007〕2号，财综〔2007〕54号，发改价格〔2007〕2216号，财综〔2009〕25号，发改价格〔2010〕134号，发改价格〔2011〕2021号
(1) 货物及运输工具检验检疫	缴入中央国库	
(2) 货物及运输工具鉴定业务	缴入中央国库	
(3) 法定预防接种、监测体检	缴入中央国库	
(4) 安全监测及特殊检验项目	缴入中央国库	

续表

收费项目	管理方式	收费及资金管理文件依据
(5) 考核注册、签发证（单）、查验审核	缴入中央国库	
(6) 其他	缴入中央国库	
150. 实验室检验项目、鉴定收费	缴入中央国库	同上
(1) 动植物实验室检验项目		
(2) 商品定型试验		
(3) 农副土产食品类实验室检验项目		
(4) 畜产品类实验室检验项目		
(5) 化工、金属材料、矿产品类实验室检验项目		
(6) 纺织品类实验室检验项目		
(7) 轻工类实验室检验项目		
(8) 电器类实验室检验项目		
(9) 机械产品实验室检验项目		
(10) 包装类实验室检验项目		
(11) 其他鉴定业务		
151. 检疫处理等业务收费（限于出入境检验检疫机构收取）	缴入中央国库	同上
(1) 检疫处理		
(2) 非法定预防接种、监测体检		
(3) 动物免疫接种		
152. 滞纳金	缴入中央国库	同上
153. 设备监理单位资格评审费	缴入中央国库	财综〔2006〕62号，发改价格〔2009〕2198号
154. 进口废物环境保护审查登记费	缴入中央国库	财综〔2001〕15号，计价格〔1999〕467号，财综〔2007〕80号，发改价格〔2008〕702号

续表

收费项目	管理方式	收费及资金管理文件依据
155. 核安全技术审评费	缴入中央国库	财综〔2001〕21号，财综〔2003〕87号，发改价格〔2003〕2352号
156. 排污收费	缴入中央和地方国库	财综〔2003〕38号，国务院令第369号，四部委令第31号
（1）污水排污		
（2）废气排污		
（3）固体废物及危险废物排污		
（4）噪声超标排污		
157. 化学品进口登记费	缴入中央国库	计价格〔1994〕702号，财预〔2002〕9号
158. 城市放射性废物送贮费	缴入地方国库	价费字〔1992〕178号，财预〔2002〕584号
159. 环境监测服务费	缴入中央和地方国库	价费字〔1992〕178号，财预〔2002〕9号
160. 考试考务费		
（1）注册环保工程师执业资格专业考试考务费	缴入中央国库	财综〔2006〕37号，发改价格〔2009〕2599号
（2）注册核安全工程师职业资格考试费	缴入中央国库	财综〔2007〕41号，发改价格〔2007〕1925号
（3）环境影响评价工程师职业资格考试考务费	缴入中央国库	财综〔2007〕41号，发改价格〔2007〕1925号
161. 民用航空器国籍登记费	缴入中央国库	财综〔2002〕54号，发改价格〔2004〕90号，发改价格〔2007〕475号，发改价格〔2011〕3214号
162. 民用航空器权利登记费	缴入中央国库	同上
163. 航空业务权补偿费	缴入中央国库	同上
164. 适航审查费	缴入中央国库	同上
165. 考试考务费		
（1）民航从业人员考试费	缴入中央国库	同上
（2）民航行业特有工种职业技能鉴定考试考务费	缴入中央国库	财综〔2011〕108号
（3）民航行业特有工种职业技能鉴定考试费	缴入中央和地方国库	财综〔2011〕108号

续表

收费项目	管理方式	收费及资金管理文件依据
166. 考试考务费		
（1）全国广播电视新闻采编人员、播音员、主持人资格考试考务费	缴入中央国库	财综〔2005〕33号，财综〔2008〕37号，发改价格〔2008〕1539号
（2）全国广播电视新闻采编人员、播音员、主持人资格考试费	缴入地方国库	财综〔2005〕33号，财综〔2008〕37号，发改价格〔2008〕1539号
167. 计算机软件著作权登记费	缴入中央国库	价费字〔1992〕112号，财综〔2004〕80号，财预〔2003〕470号，发改价格〔2004〕2839号，发改价格〔2004〕3004号
168. 外国团体来华登山注册费	缴入中央和地方国库	价费字〔1992〕207号，财综〔2004〕7号，财预〔2009〕79号
169. 兴奋剂检测费	缴入中央国库	价费字〔1992〕207号，财综〔2008〕59号，发改价格〔2008〕2361号，财预〔2009〕79号
170. 运动员或运动团体注册费	缴入中央国库	财综〔2001〕39号，计价格〔2002〕2632号，财预〔2003〕470号，发改价格〔2005〕87号
171. 俱乐部运动员转会手续费	缴入中央国库	同上
172. 段位考评认定费	缴入中央和地方国库	财综〔2001〕39号，计价格〔2002〕2632号，财预〔2003〕470号，财综〔2004〕28号，发改价格〔2005〕87号
173. 车手等级认定费	缴入中央国库	财综〔2001〕39号，计价格〔2002〕2632号，发改价格〔2005〕87号，财预〔2009〕79号
174. 比赛报名费	缴入中央国库	财综〔2001〕39号，计价格〔2002〕2632号，财预〔2003〕470号，发改价格〔2005〕87号
175. 考试考务费		
（1）体育特殊专业招生考试费	缴入地方国库	计价格〔2000〕1553号，财预〔2009〕79号
（2）体育特殊专业招生考试考务费	缴入中央国库	计价格〔2000〕1553号，财预〔2009〕79号

续表

收费项目	管理方式	收费及资金管理文件依据
176. 运动马匹注册费	缴入中央国库	财综〔2007〕43号，发改价格〔2011〕2918号
177. 考试考务费		
（1）统计专业技术资格考试考务费	缴入中央国库	计价格〔2002〕964号，财预〔2002〕584号
（2）统计专业技术资格考试费	缴入地方国库	计价格〔2002〕964号，财预〔2002〕584号
178. 统计人员岗位培训费	缴入中央和地方国库	财规〔2000〕45号，财预〔2009〕79号
179. 森林植物检疫费	缴入地方国库	价费字〔1992〕196号，财预〔2000〕127号
180. 绿化费	缴入地方国库	价费字〔1992〕196号，财预〔2000〕127号
181. 陆生野生动物资源保护管理费	缴入中央和地方国库	林护字〔1992〕72号，计价格〔1999〕1707号，计价费〔1997〕2500号，财预〔2000〕127号，计价格〔2002〕599号，财综〔2011〕9号
182. 林权勘测费	缴入中央和地方国库	财综〔2001〕43号，计价格〔2001〕1998号
183. 植物新品种保护权收费	缴入中央国库	财综字〔1998〕160号，财预〔2000〕127号，发改价格〔2007〕1968号
184. 林权证工本费	缴入中央和地方国库	财综〔2001〕43号，计价格〔2001〕1998号
185. 林地补偿费	缴入中央和地方财政专户	价费字〔1992〕196号
186. 进口药品注册审批费	缴入中央国库	计价格〔1995〕340号，财综字〔1999〕5号，财预〔2000〕127号
187. GMP认证费	缴入中央和地方国库	价费字〔1992〕534号，财预〔2000〕127号，财综〔2003〕83号，发改价格〔2004〕59号
188. GSP认证费	缴入地方国库	财综〔2003〕83号，发改价格〔2004〕59号
189. 已生产药品登记费	缴入地方国库	计价格〔1995〕340号，财综字〔1999〕5号，财预〔2002〕584号
190. 药品行政保护费	缴入中央国库	价费字〔1993〕143号，《药品行政保护条例》及细则
191. 生产药典、标准品种审批费	缴入地方国库	财预〔2000〕127号，计价格〔1995〕340号

续表

收费项目	管理方式	收费及资金管理文件依据
192. 中药品种保护费	缴入中央和地方国库	价费字〔1993〕178号,财综字〔1999〕5号,财预〔2000〕127号
193. 新药审批费	缴入中央和地方国库	财综字〔1999〕5号,计价格〔1995〕340号,财预〔2000〕127号
194. 新药开发评审费	缴入中央国库	价费字〔1992〕534号,财预〔2003〕470号
195. 药品检验费	缴入中央和地方国库	发改价格〔2003〕213号,财预〔2009〕79号
196. 医疗器械、制药机械检验费	缴入地方国库	价费字〔1992〕534号,财预〔2009〕79号
197. 登记费		
(1) 麻醉药品进出口许可证登记费	缴入中央国库	计价格〔1995〕340号,财预〔2002〕584号
(2) 精神药物进出口许可证登记费	缴入中央国库	同上
198. 专利收费	缴入中央国库	财预〔2000〕127号,计价格〔2000〕2441号,计价格〔2002〕185号,发改价格〔2009〕364号
199. 专利代理人资格考试费	缴入中央国库	财预〔2002〕584号,发改价格〔2010〕1258号
200. 集成电路布图设计保护收费	缴入中央国库	财综〔2002〕79号,发改价格〔2003〕85号
(1) 布图设计登记		
(2) 布图设计登记复审请求		
(3) 著录事项变更手续		
(4) 延长期限请求		
(5) 恢复布图设计登记权利请求		
(6) 非自愿许可使用布图设计请求		
(7) 非自愿许可使用布图设计支付报酬裁决		
201. 入境签证费	缴入地方国库	价费字〔1992〕132号,财预字〔1994〕37号

续表

收费项目	管理方式	收费及资金管理文件依据
202. 证照费		
（1）星级标牌（含星级证书费）	缴入中央国库	价费字〔1992〕132号，财预〔2003〕470号
（2）A级旅游景区标牌（含证书）	缴入中央国库	财综〔2005〕50号，发改价格〔2006〕83号
（3）工农业旅游示范点标牌（含证书）	缴入中央国库	财综〔2005〕50号，发改价格〔2006〕83号
203. 考试考务费		
（1）导游人员资格考试费	缴入地方国库	财综〔2006〕31号，发改价格〔2010〕915号
（2）中、高级导游人员等级考核费	缴入地方国库	财综〔2006〕31号，发改价格〔2010〕915号
（3）中、高级导游人员等级考核考务费	缴入中央国库	财综〔2006〕31号，发改价格〔2010〕915号
（4）特级导游人员等级考核费	缴入中央国库	财综〔2006〕31号，发改价格〔2010〕915号
204. 清真食品认证费	缴入中央国库	财综字〔2000〕60号，计价格〔2000〕1174号，财预〔2002〕584号
205. 考试考务费		
（1）会计从业资格考试费	缴入中央国库	财综字〔1999〕4号，计价格〔1999〕465号，计价格〔2002〕1575号，财预〔2002〕584号
（2）工人技术等级鉴定考核费	缴入中央国库	发改价格〔2003〕1447号
206. 往来香港澳门特别行政区通行证工本费及签注费	缴入中央国库	财综〔2004〕14号
207. 派驻香港澳门身份证工本费	缴入中央国库	同上
208. 机构监管费	缴入中央国库	财综〔2004〕35号，财综〔2004〕61号，发改价格〔2004〕1663号，财综〔2007〕66号，财综〔2010〕60号，发改价格〔2010〕2095号

续表

收费项目	管理方式	收费及资金管理文件依据
209. 业务监管费（含协会）	缴入中央国库	同上
210. 证券市场监管费	缴入中央国库	财综字〔1995〕146号，财预〔2002〕584号，财库〔2002〕46号，发改价格〔2006〕2437号，发改价格〔2010〕996号
（1）证券交易监管		
（2）机构监管		
211. 期货市场监管费	缴入中央国库	同上
212. 证券、期货从业人员资格报名考试费	缴入中央国库	财综字〔1999〕143号，财库〔2002〕46号，财预〔2002〕584号，财综〔2004〕91号，发改价格〔2010〕996号
213. 保险业务监管费	缴入中央国库	财综字〔1999〕123号，财综〔2001〕86号，财预〔2002〕584号，发改价格〔2012〕3228号
214. 考试考务费	缴入中央国库	
（1）精算师资格考试费		财规〔2000〕37号，计价格〔2000〕2313号，财预〔2002〕584号，发改价格〔2005〕366号
（2）保险中介人资格考试费		财规〔2000〕37号，计价格〔2000〕2313号，财预〔2002〕584号
215. 烟草制品及原辅材料检验费	缴入地方国库	价费字〔1992〕187号，财预〔2003〕470号
216. 考试考务费		
（1）出国培训备选人员外语考试考务费	缴入中央国库	财综〔2002〕83号，财预〔2003〕470号，发改价格〔2004〕672号
（2）出国培训备选人员外语考试费	缴入地方国库	财综〔2002〕83号，财预〔2003〕470号，发改价格〔2004〕672号
217. 海洋废弃物收费	缴入中央和地方国库	财预〔2002〕584号，发改价格〔2008〕1927号
（1）倾倒		

附 录

续表

收费项目	管理方式	收费及资金管理文件依据
（2）海洋废弃物检测		
218. 海洋工程污水排污费	缴入中央国库	财综〔2003〕2号，四部委令第31号
219. 测绘成果成图资料收费	缴入中央和地方国库	价费字〔1992〕176号
220. 测绘产品质量监督检验费	缴入中央和地方国库	同上
221. 测绘仪器检测收费	缴入中央和地方国库	同上
222. 档案收费	缴入中央和地方国库	价费字〔1992〕130号，财预〔2003〕470号
223. 保密证表包装材料费	缴入中央和地方国库	国保〔1991〕48号，财预〔2003〕470号
224. 考试考务费		
（1）翻译专业资格（水平）考试考务费	缴入中央国库	发改价格〔2006〕2308号，发改价格〔2009〕1586号
（2）翻译专业资格（水平）考试费	缴入地方国库	发改价格〔2006〕2308号，发改价格〔2009〕1586号
225. 证照费		
（1）货物原产地证明书费	缴入中央和地方国库	价费字〔1992〕236号，发改价格〔2004〕2839号，财预〔2009〕79号，财综〔2011〕11号，财综〔2011〕17号
（2）ATA单证册收费	缴入中央国库	财综字〔1995〕162号，计价费〔1996〕378号，财预〔2009〕79号，财综〔2011〕11号
226. 仲裁收费	缴入地方国库	国办发〔1995〕44号，财预〔2009〕79号，财综〔2010〕19号
（1）案件受理		

续表

收费项目	管理方式	收费及资金管理文件依据
（2）案件处理		
227. 造血干细胞配型费	缴入中央国库	财综〔2007〕73号，红总函〔2008〕14号，发改价格〔2010〕1326号
228. 政府信息公开收费	缴入中央或地方国库	财综〔2008〕44号，发改价格〔2008〕1828号
（1）检索费		
（2）复制费		
（3）邮寄费		

七、德国行政费用法

制定日期：1970 年 6 月 23 日

全名为：《行政费用法》（1970 年 6 月 23 日修订，2008 年 8 月 29 日修订。自 1977 年 1 月 1 日起施行）

导言

联邦议院经联邦参议院同意，就以下法律作出了决议：

第一章　适用范围

第 1 条　适用范围

本法适用于以下行政机关的公法行政行为的费用（收费和开支）：

联邦的、联邦直属的公法法人、事务局和基金会的行政机关；

各联邦州的、各乡镇和乡镇联合会的行政机关，以及其他受联邦州监督的公法法人的行政机关——当它们实施联邦法律的时候；

只要在本法生效时适用的联邦法律规定，针对特别地利用公共行政或针对公共行政的一项特别服务（有收费义务的职权行为）预先规定要收取行政性收费或抵偿开支，且未包含或未许可内容相同的或相抵触的规定。

此外，本法适用于依据在本法生效后颁布的联邦法律的费用：

如果这些法律由第 1 款第 1 项所述行政机关实施；

如果这些法律由第 1 款第 2 项所述行政机关受联邦的委托而实施。

此外，本法只有在以下情况下有效，即联邦法律在联邦参议院同意下宣布可适用本法。

本法不适用于以下机构的费用：

外交部和联邦在国外的代表机构；

法院；

司法管理部门和法院管理部门以及德国专利局的行政机关；

实施了在《社会法院法》第 51 条所述事务的第 1 款规定的行政机关；

《税收通则》规定的行政执行程序中的联邦财政（行政）机关和州财政（行政）机关；

（取消）

工商会、手工业商会、手工业同业公会和县手工业者联合会。

本法意义里的行政机关是每个承担公共行政任务的机构。

第二章 费用规章的一般原则

第 2 条 规章制定者的约束

依据联邦法律的授权、颁布有关收费义务、收费费率以及开支抵偿等规章的制定者，应当本章节的规定。

第 3 条 收费的基本原则

收费费率的计算，应确保在行政支出的收费数额与职权行为的意义、经济价值或其他收益之间保持一种适当的比例关系。如果法律预先规定，收费的收取只能用于行政支出的抵偿，那么收费收入不得超出相应行政部门分支机构及其工作人员在履行行政管理职务的实际支出。

第 4 条 收费类别

收费可以通过固定费率、框架费率或依据物品的价值来确定。

第 5 条 （一次性付清的）总包收费

为了使同一收费义务人一次性付清因同一事项的多重收费，可以预先规定总包收费。总包收费费率的计算，不得超过行政部门分支机构及其工作人员在履行行政管理职务的实际支出。

第 6 条 费用减免

对于特定类别的职权行为，可以出于衡平的原因或公共利益的原因，预先规定或允许收费与开支的减低以及收费与开支的免除。

第 7 条 事务性免费

对于以下情况不得规定收费：

1. 口头的和简单的书面答复；

2. 处理赦免申请事宜，处理有关行政职务行为的投诉；

3. 从公职人员的一个现有的或过去的职务关系或工作关系中或从一个现有的或过去的公法职务关系中产生的职权行为；

4. 从一个现有的或过去的法定职务义务中或从一种可以替代法定职务义务而从事的工作中产生的职权行为。

第三章 一般费用法规定

第 8 条 本人免费

（1）被免除支付职权行为收费的有：

①根据法律规定，由联邦预算承担联邦德国以及联邦直属的公法法人履行职务所需全部或部分经费的；

②按照州预算计划，由各个联邦州承担直属的公法法人履行职务所需全部或部分经费的；

③各个乡镇和乡镇联合会履行职责的行为不涉及企业的。

（2）只要在第 1 款中所提到者有权责成第三者承担收费，则不予免除收费。

（3）联邦《基本法》第 110 条第 1 款规定的特别财产和联邦企业、各个联邦州的同类机构以及联邦或一个联邦州投资的企业，不适用第 1 款规定的免费。

（4）第 1 款规定的缴费义务人对以下行政机关的职权行为负有支付费用的义务：

①联邦土地研究局；

②联邦物理—技术局；

③联邦材料检验局；

④联邦物种局；

⑤德国水利地理研究所；

⑥联邦船舶测量局；

⑦海事同业工伤事故保险联合会；

⑧联邦辐射防护局。

第 9 条　收费计算

（1）如果为收费预先规定了框架费率，那么，在确定收费时，必须考虑到以下具体情况：

①与职权行为相关联的行政支出，只要支出不是作为开支分开计算；

②职权行为对于缴费义务人的意义、经济价值或其他收益，以及缴费义务人的经济状况。

（2）如果一项收费必须按照物品的价值计算，那么，该收费标准的计算以职权行为结束时的价值为准。

（3）总包收费仅依申请确定，并必须预先确定。

第 10 条　开支

（1）只要某项开支未被纳入收费范围，并未预先规定某一职权行为所需费用的抵偿办法的，可以向缴费义务人收取以下费用：

①长途电话费费，电报和电传费；

②依特别申请签发的额外的文本份数、复印件和摘录的支出，对于必须作为开支收取的书写费的计算，适用《费用法》第 136 条第 3 款至第 6 款的规定；

③依特别申请制作的翻译文本的支出；

④由于公开公布产生的费用，由此产生的邮费除外；

⑤根据司法付酬法和司法补偿法需支付相应款项情况下，如果一位专家依据该法第 1 条第 2 款的规定未获取报酬，那么，就可以收取依法必须支付的款项；

⑥在办公地点以外的业务中依据法律或合同规定发放给行政工作人员的报酬（旅行费用报酬，开支补偿），以及提供场地的费用；

⑦其他国内和国外行政机关、公共部门或公务员应得的款项，根据互惠性、行政简化和类似原因无须向这些行政机关、部门或公务员付费的，也需付费；

⑧物品运送的费用，除此过程中产生的邮费外，以及保管物品的费用。

（2）即使某一职权行为不得收费，或收费的收取不被考虑，也可以要求抵偿第1款所列的开支。

第 11 条　付费义务的产生

（1）如果必须提交一份申请，付费义务从主管行政机关收到该申请之日起产生。在其他情况下，付费义务随着主管行政机关的职权行为的结束之日起产生。

（2）抵偿开支的义务随着需抵偿的款项的支出而产生；在第10条第1款第5项和第7项情况下，付费义务随着主管行政机关的职权行为的结束之日起产生。

第 12 条　费用债权人

收费权利人是履行了相应职权行为的行政机关。

第 13 条　付费义务人

（1）有义务支付费用的是：

①导致了该职权行为的当事人，或职权行为所产生的直接收益的受益方；

②向主管的行政机关提出申请的当事人；

③根据法律规定为另一个人的债务负责的当事人。

第 14 条　费用决定

（1）费用由官方确定。关于费用的决定，如果可能，应与事务性决定一起做出。从费用决定中必须至少表明

①收取费用的行政机关；

②付费义务人；

③与付费义务有关的职权行为；

④作为收费和开支必须支付的款项；

⑤以及收费与开支必须何地、何时以及以何种方式支付。

费用决定可以口头做出，依申请可以书面确认。倘若费用决定是以书

面形式做出的或得到书面形式确认的,也必须说明费用收取及其计算的法律依据。

(2) 如果行政机关适当处理事务不会产生的费用,不予收取。由于行政机关的行为导致改期或延期而产生的开支,不予收取。

第 15 条　特殊情况下的收费

(1) 某项一份申请因为不属于行政机关的管辖范围而被拒绝的,不得收费。

(2) 如果要求采取一个职权行为的申请,在事务性处理开始之后被收回,而职权行为还未结束,或者一份申请是由于不属于行政机关的管辖范围以外的原因被拒绝,或者一个职权行为被收回或取消,预先规定的收费应当减少四分之一;收费可以减少至预先规定的收费的四分之一,或者如果符合衡平性,可以不收取该收费。

第 16 条　预付费和保证费

一种需依申请而采取的职权行为,可以要求支付适当的预付费或适当的保证费作为条件,数额最高为预计产生的费用的数额。

第 17 条　到期支付

费用从向付费义务人公布费用决定之日起支付,行政机关规定较晚付费期限的除外。

第 18 条　延误附加费

(1) 如果在到期支付日满一个月后仍未缴纳收费或开支,并且拖欠款超过 100 德国马克的,从延误开始月份起征收延误附加费,数额为拖欠款的 1%。

(2) 如果延误附加费未及时缴纳,则第 1 款不适用。

(3) 为计算延误附加费,拖欠款向下化整为 100 德国马克的倍数。

(4) 被视为支付完成日的包括:

①在把支付手段转交或转寄到负责费用债权人的收款处时,为收讫日;

②在汇划或缴入负责费用债权人的收款处的一个账户时,以及在用支

付卡或邮汇缴入时,为该款项被记入收款处账下的日子。

第 19 条 延期、豁免和免除

对于延期、豁免和免除联邦对收费、开支和其他额外费用的债权,适用《联邦预算法》的规定。在联邦(政府)以外的职权承担人是费用债权人的情况下,适用对于它有约束力的相应规定。

第 20 条 时效

(1)要求支付费用的请求权在三年后失效,最晚在费用产生后的第四年期满时失效。时效从请求权到期所在的日历年期满时开始。这个期限期满后,请求权失效。

(2)请求权在上述期限的最后六个月内由于不可抗力不能主张的,时效中止。

(3)时效可以因书面催款、延期付款、延期执行、支付保证金、推迟执行、破产程序中的申报、收费权利人对付费义务人的住所或居留地的调查而中止。

(4)中止结束时,一个新的时效开始。

时效中止只适用于与中止行为相关的款项。

(5)当事人对收费权利人有关收费的决定有异议的,该决定在消除异议或争议解决后的六个月内,仍应执行。

第 21 条 偿还

(1)超额支付的或不当收取的费用必须立即偿还;但是,只有当各方面对收费决定没有异议时,才能偿还不当收取的费用。各方面对收费决定有异议的,在异议消除后,才能出于衡平原因偿还不当收取的费用。

(2)偿还的请求权因时效届满而失效。但是,如果当事人未在该请求权产生后的第三年内主张的;偿还时效不从有关收费决定的异议消除前开始。

第 22 条 法律救济

(1)当事人可以对收费决定单独提起行政复议或者行政诉讼,也可以与相关的事务性决定一并提起行政复议或者行政诉讼。对相关的事务性决定提起的行政复议或者行政诉讼，也可以适用于收费决定。

（2）当事人对收费决定单独提起行政复议或者行政诉讼的，该行政复议或者行政诉讼应当作为独立的法律救济程序来处理。

第四章　结束规定

第 23 条　行政管理规章

为实施本法，联邦内政部长被授权，在联邦参议院同意情况下，颁布一般的行政管理规章。

第 24 条　（取消）

第 25 条　柏林条款

本法依据 1952 年 1 月 4 日的第三部暂行法（载联邦法律公报 I 第 1 页）制定。本法同时适用于柏林州。

第 26 条　生效

本法自发布之日起生效。

八、中国台湾地区"规费法"

【制定/修正日期】中华民国 91 年 11 月 19 日
【公布/施行日期】中华民国 91 年 12 月 11 日
【法规沿革】
1. 中华民国九十一年十二月十一日总统华总一义字第 09100239000 号令制定公布全文 22 条；并自公布日施行。
【法规内容】

第一条 （立法目的）

为健全规费制度，增进财政负担公平，有效利用公共资源，维护人民权益，特制定本法。

第二条 （适用范围）

各级政府及所属机关、学校（以下简称各机关学校），对于规费之征收，依本法之规定。本法未规定者，适用其他法律之规定。

法院征收规费有特别规定者，不适用本法之规定。

第三条 （规费主管机关）

本法所称规费主管机关：在中央为财政部；在直辖市为直辖市政府；在县（市）为县（市）政府；在乡（镇、市）为乡（镇、市）公所。

第四条 （业务主管机关及征收机关）

本法所称业务主管机关，指主管第七条及第八条各款应征收规费业务，并依法律规定订定规费收费基准之机关学校；法律未规定订定收费基准者，以征收机关为业务主管机关。

本法所称征收机关，指办理规费征收业务之机关学校。

第五条 （业务委托办理）

征收机关办理本法规定之各项规费征收业务，得视需要，委任所属机关，或委托其他机关、公民营机构办理。

第六条 （规费种类）

规费分为行政规费及使用规费。

第七条 （应征收行政规费之事项）

各机关学校为特定对象之权益办理下列事项，应征收行政规费。但因公务需要办理者，不适用之：

一、审查、审定、检查、稽查、稽核、查核、勘查、履勘、认证、公证、验证、审验、检验、查验、试验、化验、校验、校正、测试、测量、指定、测定、评定、鉴定、检定、检疫、丈量、复丈、鉴价、监证、监视、加封、押运、审议、认可、评鉴、特许及许可。

二、登记、权利注册及设定。

三、身份证、证明、证明书、证书、权状、执照、证照、护照、签证、牌照、户口簿、门牌、许可证、特许证、登记证及使用证之核发。

四、考试、考验、检核、甄选、甄试、测验。

五、为公共利益而对其特定行为或活动所为之管制或许可。

六、配额、频率或其他限量、定额之特许。

七、依其他法律规定应征收行政规费之事项。

【相关法规】台湾省车辆行车事故鉴定及复议规费收费办法

第八条 （应征收使用规费之项目）

各机关学校交付特定对象或提供其使用下列项目，应征收使用规费：

一、公有道路、设施、设备及场所。

二、标志、数据（讯）、誊本、复印件、抄件、公报、书刊、书状、书表、简章及图说。

三、数据（讯）之抄录、邮寄、传输或档案之阅览。

四、依其他法律规定应征收使用规费之项目。

第九条 （规费之缴费义务人）

规费之缴费义务人如下：

一、向各机关学校申请办理第七条各款事项或使用第八条各款项目者。

二、经各机关学校依法令规定通知应缴规费者。

第十条 （收费基准之计费原则）

业务主管机关应依下列原则，订定或调整收费基准，并检附成本资料，洽商该级政府规费主管机关同意，并送该级民意机关备查后公告之：

一、行政规费：依直接材（物）料、人工及其他成本，并审酌间接费用定之。

二、使用规费：依兴建、购置、营运、维护、改良、管理及其他相关成本，并考虑市场因素定之。

前项收费基准，属于办理管制、许可、设定权利、提供教育文化设施或有其他特殊情形者，得并考虑其特性或目的定之。

【相关法规】法务部调查局办理血缘关系鉴定案件收费标准

第十一条 （收费基准定期检讨原则）

规费之收费基准，业务主管机关应考虑下列情形，定期检讨：

一、办理费用或成本变动趋势。

二、消费者物价指数变动情形。

三、其他影响因素。

前项定期检讨，每三年至少应办理一次。

第十二条 （业务主管机关减免或停征规费范围）

有下列各款情事之一者，业务主管机关得免征、减征或停征应征收之规费：

一、各机关学校办理业务或教育倡导。

二、各机关学校间协助事项。

三、重大灾害地区灾民因灾害所增加之规费。

四、因处理紧急急难救助所负担之规费。

五、老人、身心障碍者、低收入户之身份证明文件。

六、基于国际间条约、协议或互惠原则。

七、其他法律规定得免征、减征或停征者。

第十三条 （规费主管机关减免或停征规费范围）

有下列各款情事之一者，规费主管机关得免征、减征或停征应征收之规费：

一、为维护财政、经济、金融稳定、社会秩序或工作安全所办理之事项。

二、不合时宜或不具征收效益之规费。

三、基于公共利益或特殊需要考虑。

第十四条 （规费缴纳期限）

规费于缴费义务人申请办理第七条各款事项或使用第八条各款项目时征收之。但依其性质系于完成申请办理事项后，始予征收者，或属于各机关学校依法令规定通知缴纳者，由业务主管机关订定缴纳期限。

第十五条 （延期缴纳之申请）

订有缴纳期限之规费，缴费义务人因天灾、事变或其他不可抗力之事由，不能于规定期限内缴纳者，除其他法律另有规定者外，得于其原因消灭后十日内提出具体证明，向征收机关申请准予延期缴纳，其延期缴纳期间不得逾一年。

第十六条 （分期缴纳之申请及强制执行）

订有缴纳期限之规费，其金额达一定数额以上，缴费义务人不能于规定期限内缴纳者，除其他法律另有规定者外，得于缴纳期限内，向征收机关申请核准，分二期至六期缴纳，每期间隔以不超过二个月为限。

前项一定数额，由业务主管机关定之。

规费经核准分期缴纳者，应自原缴纳期限届满之次日起，至缴费义务人缴纳之日止，依原缴纳期限届满之日邮政储金汇业局之一年期定期存款利率，按日加计利息，一并征收。

缴费义务人对核准分期缴纳之任何一期应缴规费，未如期缴纳者，征收机关应于该期缴纳期限届满之次日起十五日内，就未缴清之余额规费，发单通知缴费义务人，限十日内一次全部缴清；届期仍未缴纳者，依法移送强制执行。

第十七条 （订有缴纳期限规费征收期间及例外规定）

订有缴纳期限之规费，于缴纳期限届满之次日起五年内，未经征收者，不再征收；其于五年期间届满前，已依法移送强制执行，或已依强制执行程序声明参与分配，或已依破产法规定申报债权者，仍得继续征收。但自五年期间届满之日起已届五年尚未执行终结或依破产程序行入分配者，不得再征收。

应征收之规费有第十五条、前条第一项或第四项规定情事者，前项征收期间，自各该变更缴纳期限届满之次日起算。

第十八条 （溢缴或误缴规费之退费原则）

缴费义务人有溢缴或误缴规费之情事者，得于缴费之日起五年内，提出具体证明，向征收机关申请退还。

前项退费，应自缴费义务人缴纳之日起，至征收机关核准退费之日止，按退费额，依缴费之日邮政储金汇业局之一年期定期存款利率，按日加计利息，一并退还。

第十九条 （终止办理之申请）

各机关学校对于缴费义务人申请办理第七条各款事项或使用第八条各款项目，未能于法定处理期间内完成者，缴费义务人得申请终止办理，各机关学校于终止办理时，应退还已缴规费。但因可归责于缴费义务人之事由者，不予退还。

前项退费，应自缴费义务人缴纳之日起，至各机关学校终止办理之日止，按退费额，依缴费之日邮政储金汇业局之一年期定期存款利率，按日加计利息，一并退还。

第二十条 （逾期缴纳规费之处罚）

各机关对逾期缴纳规费者，除法律另有规定外，每逾二日按滞纳数额加征百分之一滞纳金；逾三十日仍未缴纳者，除征收百分之十五滞纳金外，并依法移送强制执行。

前项应纳之规费及滞纳金，应自滞纳期限届满之次日起，至缴费义务人缴纳之日止，依第十六条第三项规定之存款利率，按日加计利息，一并征收。

第二十一条 （违反征收规定之处罚）

直辖市政府、县（市）政府、乡（镇、市）公所违反第七条或第八条规定有应征收之规费而不征收者，其上级政府得视实际情形，酌予减列或减拨补助款。

机关学校违反第七条或第八条规定有应征收之规费而不征收，或违反第十一条规定未定期检讨者，经各该上级主管机关限期通知其改正；届期未改正者，得对该机关学校首长予以惩处。

第二十二条 （施行日）

本法自公布日施行。